WIDMUNG ...

Dieses Buch ist euch gewidmet. Allen mutigen Lehrenden, die mit viel Kraft, Leidenschaft und Engagement einen großen Beitrag dazu leisten, dass unsere Kinder einen Raum zur Entfaltung und zum Lernen erhalten.

DAS METHODENBUCH FÜR DIGITALEN UNTERRICHT VON BEWIRKEN

Danke, dass du dieses Buch gekauft hast. Wir haben viel Zeit, Geld und Ehrenamt in dieses Buch gesteckt. Bitte unterstütze uns und unsere Arbeit, indem du dieses Buch weiterempfiehlst, damit viele Kolleg*innen davon profitieren und wir auch in Zukunft euer Engagement für die Veränderung von Schule unterstützen können.

Autor*innen: Björn Adam, Judith Holle, Franziska Köpnick

Mit Methodenbeiträgen von: Marcel Burghardt, Anna Ginkel, Johannes Kaiser, Andra Krogmann, Marla Kaupmann, Jonas Lohse, Marius Räbiger, Andrea Seitz, Christiane Wellmann

Illustrationen: Andra Krogmann

In Kooperation mit Team:werk und Social Web macht Schule gGmbH

FÜR WEN IST DIESES BUCH GESCHRIEBEN?

Du bist Lehrkraft, Lernbegleiter*in, Dozent*in, Trainer*in, Coach oder du leitest eine Schule oder Bildungsinstitution? Du hast wie wir die Chancen und Herausforderungen von digitalen und hybriden Lernsettings im Unterricht erlebt und möchtest deinen Unterricht oder deine Workshops digital und abwechslungsreich gestalten?

Du suchst nach neuen Ideen und Impulsen, wie digitaler Unterricht oder Fernunterricht interaktiv, mit Freude und Erfolg gelingen kann? Du hast Zweifel daran, ob die digitale Unterrichtsgestaltung online wirklich das Gleiche leisten kann wie in Präsenz?

WENN DU AUCH NUR EINE DER FRAGEN MIT „JA" BEANTWORTEN KANNST, HABEN WIR DIESES BUCH FÜR DICH GESCHRIEBEN!

Dieses Buch ist für alle Bildungsakteur*innen und Bildungsenthusiast*innen, die ihre Schule und digitalen Unterricht zu einem Ort des gemeinsamen Lernens auf Augenhöhe machen wollen. Die Impulse, Methoden und Tipps wollen einen Anstoß leisten zum Übergang in eine neue Zeit, in der digital, online und hybrid Teil des neuen „Normal" werden.

Mach dich gemeinsam mit uns auf den Weg!

Dein beWirken-Team

DAS

SPRECHENDE

BUCH 🔊

bewirken.org/a1

DIESES BUCH MÖCHTE DICH. WENN DU MAGST. INTENSIV UND VERTRAUENSVOLL DURCH DEINE LERNREISE BEGLEITEN.

Manche von uns sind begeisterte Zuhörer*innen und lieben es, guten Geschichten zu lauschen und Tipps und Tricks aus der Praxis von echten Menschen zu erhalten. Daher möchten wir dich an einigen Stellen in diesem Buch einladen zuzuhören und noch tiefer einzutauchen, als das geschriebene Wort es möglich macht.

Dieses Buch möchte auch ein Beispiel sein für die Verknüpfung verschiedener Sinne und den sinnvollen Einsatz von digitalen Möglichkeiten, soweit dies in einem Buch möglich ist. Wir hoffen, du kannst auch aus unseren Audiobeiträgen etwas mitnehmen und würden uns freuen, bald auch deine Stimme zu hören, wenn wir uns in einem digitalen Lehrerzimmer oder Workshop sehen.

 ### AUDIOBEITRÄGE

Einfach den QR-Code scannen oder den Link eingeben und du landest direkt in den Audiobeiträgen. Probier es doch direkt hier aus!

BEVOR ES LOSGEHT

WER HÄTTE DAS GEDACHT? – VON DER GRÖßTEN KRISE ZUR GRÖßTEN CHANCE FÜR SCHULE

Eine weltweite Krise, ausgelöst durch eine Pandemie, veränderte 2020 binnen kürzester Zeit die Art und Weise, wie wir arbeiten und lernen und stellte auch unsere Bildungswelt auf den Kopf. Mitarbeitende wurden, da wo es möglich war, ins Homeoffice geschickt, Schulen geschlossen und Lehrende und Lernende mussten sich gleichermaßen an „Homeschooling" und digitale Lernräume gewöhnen. Eine Form des Lernens, die zuvor meistens unvorstellbar gewesen wäre.

Für dich als Lehrkraft brachte die Pandemie gleich eine doppelte Herausforderung mit sich: Auf einmal musstest du nicht nur digital, sondern sogar auch noch auf Distanz unterrichten, ohne direkten Kontakt zu den Lernenden. Wenn man sich mit dem Thema beschäftigt, wird schnell deutlich: Hier geht es um mehr als die Integration von digitalen Endgeräten in den Lernprozess und Unterricht.

DENN DIE FRAGE NACH DIGITALEM LERNEN HÄNGT IMMER AUCH DAMIT ZUSAMMEN, WIE WIR ZEITGEMÄßES LERNEN VERSTEHEN.

Wir haben gelernt, dass Schule ein Ort des sozialen Miteinanders ist und dass Lernen nur durch guten Austausch und Reflexion auf Dauer erfolgreich sein kann. Wir haben erlebt, wie wir uns als Lehrende in eine neue Rolle entwickeln und Schüler*innen eine viel höhere Verantwortung für ihren Lernprozess tragen können. Wir haben online, hybride und digitale Lernräume erlebt, die uns neben vielen Problemen auch neue Chancen und Möglichkeiten eröffnen.

Diese unvorbereitete und rasante Veränderung des gemeinsamen Lernens und Lehrens hat viele von euch zunächst mit großen technischen Herausforderungen konfrontiert, weil der Unterricht auf einmal in die Kontexte von Schul-Clouds, digitalen Tools und Videokonferenzen verlagert wurde. Aber es kamen auch ganz neue Fragen auf: Wie gestalte ich Lernen unter diesen Umständen? Welche Methoden funktionieren online? Wie binde ich die Schüler*innen ein? Wie unterscheidet sich der Unterricht in einer Videokonferenz vom Präsenzunterricht? Viele dieser Fragen erreichten uns von Lehrkräften und Schulen seit Beginn der Pandemie im Frühjahr 2020.

Um Lehrende und Schulen in diesen Zeiten von Veränderung bei der Entwicklung von neuen Lernkontexten zu begleiten, gründeten wir kurzerhand und in einem Kraftakt die digitale Schulakademie, die schon zwei Wochen nach dem ersten

Digitale Schulakademie: Wir haben mit tollen Menschen, Trainer*innen und Kooperationspartner*innen ein transformatives Fortbildungsangebot aufgebaut. Schwerpunkt sind die Digitalisierung von Lernen, die Lernbegleiterrolle, innovative Lernmethoden sowie Schulentwicklungsthemen. Vielleicht sehen wir uns demnächst in einem unserer zahlreichen Online-Angebote? **digitale-schulakademie.de**

Lockdown im März 2020 online ging. In unseren Online-Seminaren schaffen wir seitdem Lern- und Erfahrungsräume für digitales und zeitgemäßes Lernen. Ob Konzepte, Tipps, Methoden, Erfahrungsaustausch oder Reflexion – mit unseren Angeboten begleiten wir dich auf deinem Lernweg und stoßen gemeinsam auch unabhängig vom digitalen Unterricht einen Wandel der Lernkultur in Schule an.

Unsere Erfahrungen aus der digitalen Schulakademie und die Tipps von Kolleg*innen und Lehrenden aus dem ganzen Bundesgebiet möchten wir nun in diesem Buch mit dir teilen.

DIESES BUCH UNTERSTÜTZT DICH DABEI, ONLINE, HYBRID UND IN PRÄSENZ MIT DEINEN LERNENDEN GEMEINSAM EINEN GUTEN DIGITALEN LERNRAUM ZU GESTALTEN.

Wir möchten Mut machen, niemals aufzuhören neue Dinge auszuprobieren. Diese Zeit wird uns alle verändern. Lasst uns die Chance nutzen, um gemeinsam zu lernen.

Viel Spaß beim Schmökern und Ausprobieren wünscht dir dein beWirken-Team.

Das sprechende Buch
bewirken.org/a2

WER HINTER DIESEM BUCH STEHT

GEMEINSAM VERÄNDERUNG IN SCHULE BEWIRKEN

Mit dieser Mission begleiten wir Menschen und Schulen beim Ausprobieren und Gestalten neuer Ideen zur Veränderung von Schule und Bildung. Wir sind eine junge gemeinnützige Organisation, ein Social-Start-Up. Wir sind ein buntes Team von Pädagog*innen, Organisationsentwickler*innen, IT-Spezialist*innen und Lehrenden, die eines eint: die Überzeugung, dass gute Bildung der Schlüssel ist, um gemeinsam die Herausforderungen unserer Zeit zu gestalten und die Leidenschaft, den Bildungswandel mit vielen Ideen und Engagement aktiv mitzugestalten.

beWirken – Jugendbildung auf Augenhöhe:
Wenn du mehr über unsere Impulsangebote und Workshops wissen möchtest oder Begleitung für deine Schulentwicklung suchst, schau doch mal auf unserer Webseite oder unseren Social-Media-Kanälen vorbei. Wir haben von Materialien, über Workshops bis hin zu unserer digitalen Schulakademie viele Unterstützungsangebote für deine nächste Schritte. Unter anderem ein regelmäßiges digitales Lehrer*innenzimmer.

bewirken.org

Seit vielen Jahren zeigen Modellprojekte, pädagogische Forschung und Praxis sowie psychologische und neurophysiologische Erkenntnisse, wie erfolgreich neue strukturelle und methodische Ansätze von Lernen sein können. Viele tolle Menschen und Organisationen haben sich deshalb bereits auf den Weg gemacht, neue Formen von Schule und Lernen auszuprobieren. Wir möchten mit innovativen Impulsen, Methoden, digitalen Formaten und transformationellen Aus- und Fortbildungsformaten deine eigene Veränderungsreise begleiten und deine Schule auf diesem Weg unterstützen.

Mit der digitalen Schulakademie, unserer Online-Plattform zur Weiterbildung von Lehrkräften und Pädagog*innen, schaffen wir daher Lernräume für die Weiterentwicklung deiner professionellen Rolle. Unsere Lernmaterialien und Angebote für Coaching, Begleitung, Austausch und Schulentwicklung sind Anstöße, die dir helfen können, den nächsten Schritt zu gehen. Wir stehen an deiner Seite und begleiten dich in dieser spannenden Zeit.

Gemeinsam mit dir wollen wir digitales, zeitgemäßes Lernen voranbringen und partizipativ die Schule der Zukunft gestalten.

GEMEINSAM VERÄNDERUNG IN SCHULE BEWIRKEN

INHALT

1 ZUM START DES BUCHES

2 GRUNDLAGEN & TOOLS FÜR DEN DIGITALEN UNTERRICHT

3

METHODEN FÜR DEN DIGITALEN UNTERRICHT

4

UMSETZUNG & NÄCHSTE SCHRITTE

5

ZUM ABSCHLUSS DES BUCHES

TEIL 1 – ZUM START DES BUCHES

KAPITEL 1

WIE DU DIESES BUCH LESEN KANNST

WIE DU DIESES BUCH LESEN KANNST
EINFÜHRUNG

Dieses Buch will dich bei der Gestaltung deines Online-Unterrichts unterstützen. Vieles, was du in diesem Buch findest, lässt sich aber auch auf den digitalen Unterricht in Präsenz übertragen. Im Folgenden möchten wir dir zeigen, wie du dieses Buch lesen und für dich nutzen kannst.

NUTZE DIESES BUCH ALS ...

... ENTDECKUNGSREISE

Egal, ob du schon seit einiger Zeit digital und online unterrichtest oder gerade deine ersten Schritte in diesem Feld machst: Mit diesem Buch kannst du dich auf deine persönliche Entdeckungsreise machen. Wir führen dich durch die wichtigen Grundlagen, geben dir Methoden an die Hand und laden dich ein, dich und deine Praxis Stück für Stück weiterzuentwickeln. Lies dieses Buch am besten von Anfang an und nutze auch Check-In und Check-Out, um dich auf deinen individuellen Lernweg zu machen.

... ORIENTIERUNGSHILFE

Wenn du noch unsicher bist, wie du deinen digitalen oder Online-Unterricht am besten gestalten kannst, bietet dir dieses Buch eine Orientierungshilfe. Je nachdem, wo du dich unsicher fühlst: Wir unterstützen dich mit konkreten Tipps und Erfahrungen aus der Praxis, um einen guten Rahmen zu schaffen und deinen Online-Unterricht abwechslungsreich und interaktiv aufzubauen. Ob von vorne bis hinten oder kapitelweise – nimm dir das, was du für deine Praxis brauchst. Im hinteren Teil haben wir auch beispielhafte Stunden skizziert.

... NACHSCHLAGEWERK

Du bist schon ganz gut dabei, was deinen Online-Unterricht angeht, aber manchmal fehlt noch die zündende Idee oder das I-Tüpfelchen? Nutze dieses Buch als Nachschlagewerk für die konkrete Ausgestaltung deines Lernraums. Je nachdem, wo du auf der Suche bist: In unseren Methodenkapiteln findest du Methoden und Tipps für diverse Unterrichtsphasen und Anlässe. Wir haben alle Methoden in vier Kategorien eingeteilt, damit du schneller und übersichtlicher den richtigen Input für deinen konkreten Bedarf finden kannst.

... INSPIRATIONSQUELLE

Digitales Lernen und Online-Unterricht sind für dich nichts Besonderes mehr? Dann nutze dieses Buch als Inspirationsquelle und Ideen-Buffet, an dem du dich nach Lust und Laune bedienen kannst. Ob die ein oder andere Methode, ein interessanter Gedanke oder ein kleiner Tipp – schnapp dir einen Kaffee und einen gemütlichen Sessel und lass deinen Unterricht um ein paar Ideen reicher werden. Unsere Reflexionsseiten bieten dir auch den Raum, dieses Buch als eine kleine eigene Veränderungsreise zu nutzen.

WIE DU DIESES BUCH LESEN KANNST
KAPITELÜBERSICHT

Dieses Buch besteht aus fünf Teilen, die dir in verschiedener Form Anregung für deine Praxis geben.

- **Im ersten Teil - Zum Start des Buches**, in dem du dich gerade befindest, klären wir die Frage, wie du das Buch für dich am besten nutzen kannst.

- **Im zweiten Teil - Grundlagen und Tools für digitalen Unterricht** bekommst du einen Einblick in die didaktischen Fragen digitalen Lernens und was diese für deinen Unterricht im Allgemeinen und speziell für deine Gestaltungsmöglichkeiten im Online-Unterricht bedeuten. Wir werfen außerdem einen Blick auf gute Grundlagen und Tipps für digitale und hybride Lernsettings.

- **Im Hauptteil, dem dritten Teil - Methoden für digitalen Unterricht,** findest du unsere vier Methodenkapitel, in denen dich eine Vielzahl an Methoden erwartet. Diese sind unterteilt in verschiedene Unterrichtsphasen (Check-In, Lernmethoden, Check-Out, Energizer). Auf der nächsten Seite siehst du, aus welchen Elementen die Methodenseiten aufgebaut sind, um die Informationen zu finden, die du brauchst.

- **Im vierten Teil - Umsetzung und nächste Schritte** findest du einen Ausblick auf mögliche Praxisbeispiele für den Einsatz der Methoden, einen Anstoß für deine nächsten Schritte und Einblick in die großen Schulentwicklungsthemen, die hinter den kleineren und methodischen Fragen des digitalen Lernens stehen: Wie schaffen wir den Wandel in Schule hin zu zeitgemäßer Bildung?

- **Im fünften und letzten Teil - Zum Abschluss des Buches** stellen wir dir das Team hinter dem Buch vor und sammeln weiterführende Impulse.

- **Über das gesamte Buch verteilt** findest du Anregungen zur Reflexion und vertiefende Anstöße im Rahmen des sprechenden Buches. Denn wenn wir Neues ausprobieren, gehört dazu auch, sich Zeit zu nehmen und mit etwas Abstand und Ruhe auf Dinge zu blicken – etwas das für uns als Pädagog*innen besonders wichtig ist. Wir möchten dich einladen, dieses Angebot auszuprobieren und dieses Buch als deine persönliche kleine Lernreise zu nutzen. Unsere Reflexionsseiten erkennst du am orangefarbenen Hintergrund.

Das sprechende Buch
bewirken.org/a3

LEGENDE METHODENSEITEN

SCHWIERIGKEITSGRAD

Die Methoden sind in einfach, mittel und schwer eingeteilt, damit du ein Gefühl bekommst, wie du sie einsetzen kannst. Kriterium ist dabei unsere Erfahrung aus der Praxis.

TEILNEHMENDENZAHL

Durch diese Angabe siehst du, ab welcher Anzahl an Teilnehmenden du eine Methode nutzen kannst.

ZEITEINSATZ

Die geschätzte Minutenanzahl ist ein Erfahrungswert aus der Praxis, der dir eine grobe Orientierung gibt, wie viel Zeit du einplanen solltest.

VORLAGEN

Bei einigen Methoden findest du online auf unserer Materialseite nützliche Vorlagen oder andere unterstützende Materialien.

IN PRÄSENZ NUTZBAR

Viele Methoden sind für den Präsenzunterricht geeignet, damit dies auf den ersten Blick deutlich wird, haben wir sie mit diesem Symbol markiert.

DIDAKTISCHE EINLEITUNG

In einer kurzen Einführung blicken wir auf die Herkunft oder den Sinn der Methode.

ZIELE DER METHODE

Wozu ist die Methode gut, was sind die Lernziele und was kann ich damit bewirken?

WAS BRAUCHE ICH DAZU?

Welche Materialien werden benötigt und welche Vorbereitungen erleichtern die Durchführung?

ABLAUF

Hier findest du den Ablauf der Methode übersichtlich und Schritt für Schritt beschrieben.

MODERATIONSTIPPS

Hinweise, die aus unserer Erfahrung beim Einsatz der Methode hilfreich sein können.

MÖGLICHE VARIATIONEN

Hier erfährst du, wie du eine Methode einfach abwandeln und noch vielfältiger nutzen kannst.

MATERIAL ZUM DOWNLOAD

VORLAGEN UND WEITERFÜHRENDES MATERIAL ONLINE

Für einige Methoden haben wir Vorlagen vorbereitet, die du nutzen kannst sowie schöne Grafiken zum freien Einsatz auf Board-Tools. Wichtig ist uns dabei: Du kannst diese für dich frei und unbeschränkt nutzen, auch verändern und an Kollegen*innen weitergeben. Bitte unterstütze uns aber, indem du immer dieses Buch und beWirken als Quelle angibst.

Die Vorlagen und Grafiken, die du auf der Materialseite zum Download findest, fallen daher, falls nicht anders gekennzeichnet, unter die Creative Commons Lizenz BY-NC-SA. Diese erlaubt eine nichtkommerzielle Nutzung mit Namensnennung und die Weitergabe unter gleichen Bedingungen (CC BY-NC-SA 3.0 DE). Diese gilt allerdings nicht für das Buch oder Texte und Grafiken im Buch selbst. Wir bitten dich, falls du das digitale Buch nutzt, dieses nicht einfach an Kolleg*innen weiterzugeben. Bitte die Kolleg*innen doch, unsere Arbeit und die Produktion dieses Buchs mit einem Kauf zu unterstützen. Wir sind darauf angewiesen und können die Kosten des Buches nur durch den Verkauf wieder refinanzieren. Wir bieten als gemeinnützige Organisation auch eine Fördermitgliedschaft an, wenn du unsere Arbeit als Begleiter*in für Veränderung von Schule langfristig unterstützen möchtest.

ZUR MATERIALSEITE

EINFACHER ZUGANG UND DOWNLOAD FÜR DICH

Um auf die Materialseite zu gelangen, musst du lediglich die hier angegebene Webseite besuchen und dich mit dem Zugangscode einloggen. Beim ersten Mal richtest du dir einen Zugang ein. Sobald du dies einmal gemacht hast, ist es in Zukunft nicht mehr nötig. Auf der Seite findest du dann die einzelnen Dateien, Audiobeiträge sowie eine Datei, um alles gesammelt herunterzuladen.

bewirken.org/buch-material
Zugangscode: mfdu-bewirken

BEISPIEL: BOARDGRAFIK

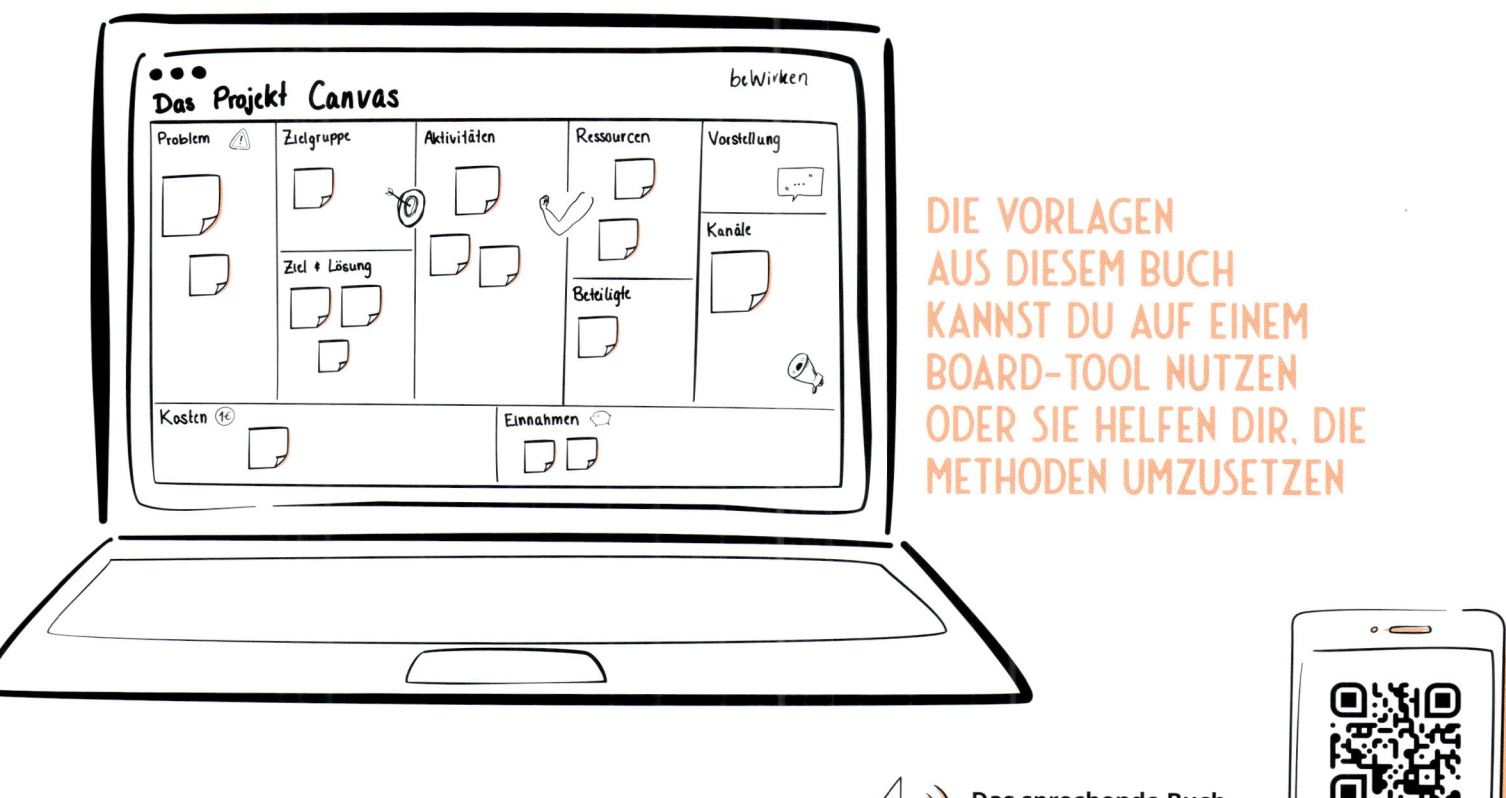

DIE VORLAGEN
AUS DIESEM BUCH
KANNST DU AUF EINEM
BOARD-TOOL NUTZEN
ODER SIE HELFEN DIR, DIE
METHODEN UMZUSETZEN

Das sprechende Buch
bewirken.org/a4

TEIL 1 – ZUM START DES BUCHES

KAPITEL 2

CHECK-IN

CHECK-IN
IM BUCH ANKOMMEN

Zunächst einmal möchten wir dir danken, dass du hier bist. Bevor es aber weiter geht und du eintauchst in das vielseitige und praxisorientierte Methodenkapitel, möchten wir dir die Gelegenheit geben, dir selbst ein paar Minuten Zeit zu nehmen, wirklich anzukommen. Hol dir etwas zu schreiben, wenn du deine Gedanken festhalten möchtest, ein warmes oder kühles Getränk und schon kann es los gehen.

So wie dich und deine Lernenden zukünftig in digitalen Unterrichtseinheiten wahrscheinlich der Check-In und auch der Check-Out begleiten wird, haben wir auch in diesem Buch einen Check-In sowie einen Check-Out für dich eingeplant. Nimm dir nun gerne etwas Zeit, um die Fragen auf der nächsten Seite zu beantworten. Wenn du möchtest, gibt es für den Check-In auch eine erweiterte und ausführlichere Audiobegleitung, die du dir anhöhren kannst (s.u.). Hier findest du am Ende des Audio-Check-Ins auch eine kurze 10-minütige Sitzmeditation mit einer kleinen Traumreise.

Das sprechende Buch
bewirken.org/a5

- **Wie geht es mir** gerade?

- **Was ist meine Motivation** für die Arbeit mit diesem Buch?

- Wenn ich an **meine bisherigen Erfahrungen** mit digitalem Unterricht zurückdenke: Was lief gut und was lief vielleicht weniger gut?

- Wie war **das Feedback der Lernenden** bisher zu meiner digitalen Unterrichtsgestaltung?

- Welche Erfahrungen und Erkenntnisse haben **meinen Blick auf Lernen** verändert?

- Welche Dinge möchte ich aus diesen Erfahrungen grundsätzlich **in Zukunft in meine Arbeit** als Lehrende*r einfließen lassen?

- Wie hat sich **meine Rolle im Verhältnis zu den Schüler*innen** verändert?

- **Mit wem aus dem Kollegium kann ich mich beraten** und im kollegialen Austausch Erfahrungen verarbeiten?

REFLEXION
CKECK-IN

Halte deine Gedanken in einem Notizbuch
oder auf Klebezetteln fest, du kannst diese auch
auf diese Seite im Buch heften und später zurückkommen, um für dich zu sehen, was sich über die
Zeit an deiner Perspektive verändert.

TEIL 2 – GRUNDLAGEN UND TOOLS FÜR DIGITALEN UNTERRICHT

KAPITEL 3

ZEITGEMÄßES LERNEN IN EINER DIGITALEN WELT

KOMPETENZEN FÜR DAS DIGITALE ZEITALTER

Wir schreiben über Online-Messenger, wir tragen unsere Termine in digitale Kalender ein, wir kaufen so ziemlich alles auch digital über das Internet und wenn wir eine Frage haben, schlagen wir keine Enzyklopädie auf, sondern fragen die Suchmaschine oder sogar unseren digitalen Assistenten. Doch das ist nur, was an der Oberfläche sichtbar ist. Der Einfluss der Digitalisierung auf die Art, wie Informationen verarbeitet werden, Wissen entsteht, wie sich Prozesse und auch Machtgefüge verändern, ist bereits größer, als es manchmal den Anschein hat.

WAS MACHT LERNEN IM DIGITALEN ZEITALTER EIGENTLICH AUS?

All das ist bisher nahezu spurlos an unseren Schulen vorbeigegangen und hat sich nicht in einer ebenso grundlegenden Veränderung von Lehren und Lernen niedergeschlagen. Nur was macht Lernen im digitalen Zeitalter eigentlich aus? Wie könnte eine digitale Didaktik aussehen – oder geht es eigentlich um viel mehr als das? Und was bedeutet das für meinen Unterricht und unsere Schule? Vielleicht sind das die Fragen, die auch du dir stellst. In diesem Kapitel möchten wir diesen Fragen nachgehen und ein paar Impulse zur Gestaltung zeitgemäßen digitalen Lernens geben.

Buch: Axel Krommer u.a.: Routenplaner #digitale Bidung – Auf dem Weg zu zeitgemäßer Bildung. Eine Orientierungshilfe im digitalen Wandel.
https://routenplaner-digitale-bildung.de

KOLLABORATION

KREATIVITÄT

KRITISCHES DENKEN

KOMMUNIKATION

KOMPETENZEN FÜR DAS 21. JAHRHUNDERT

Die Digitalisierung ist zwar ein wichtiger, jedoch bei weitem nicht der einzige Faktor, der sich auf das Lernen in unserer heutigen Welt auswirkt. Es braucht deutlich umfassendere Antworten auf die Herausforderungen unserer Zeit, zu denen auch globale Krisen, wie der Klimawandel, oder Fluchtbewegungen zählen. Gleichzeitig wird sich keines dieser Probleme ohne die Berücksichtigung digitaler Strukturen und ohne Nutzung digitaler Möglichkeiten lösen lassen.

Ganzheitlich betrachtet bedeutet die Auseinandersetzung mit digitalem Lernen deshalb vielmehr eine Auseinandersetzung mit zeitgemäßem Lernen in einer vernetzten Welt. Es geht um die grundsätzliche Frage, wie wir jungen Menschen Kompetenzen für das Leben im 21. Jahrhundert mitgeben können. Was braucht es, damit wir uns in komplexen und vernetzten Zusammenhängen bewegen können und in zukunftsoffenen, unsicheren Situationen kreativ und selbstorganisiert handlungsfähig bleiben?

MIT KREATIVITÄT UND ZUSAMMENARBEIT KÖNNEN WIR DEN HERAUSFORDERUNGEN UNSER ZEIT BEGEGNEN

Eine Antwort hierauf versucht das 4K-Modell zu geben. Dieses gerade auch in Diskursen des digitalen Lernens stark genutzte Modell, das schon seit vielen Jahren auch international diskutiert wird und durch die PISA-Diskussion in Deutschland an Popularität gewonnen hat, beschreibt vier zentrale Kompetenzen für das Lernen im 21. Jahrhundert: Kommunikation, Kollaboration, Kreativität und kritisches Denken.

Diese Schlüsselkompetenzen sind eine Grundlage, um sich sicher in unserer modernen, komplexen und digitalen Welt zurechtzufinden und diese mit gestalten zu können. Kompetenzen können allerdings nicht vermittelt werden. Sie müssen sich im Individuum durch die Auseinandersetzung mit realen Praxisproblemen von innen heraus entwickeln.

DIE VERÄNDERUNG VON LERNEN

WIE WIR HEUTE UND IN ZUKUNFT LERNEN

Wenn wir den Erwerb von Kompetenzen in den Mittelpunkt stellen, bedeutet das, dass wir uns von vielen historisch verankerten Vorstellungen, wie Schule und Bildung gestaltet sein sollten, lösen und hin zu freieren Formen des Lehrens und Lernens kommen müssen. Das passiert bereits seit vielen Jahren. Nicht nur in Modellschulen, sondern auch in der politischen, wissenschaftlichen und praktischen Auseinandersetzung mit dem Thema, wurden die Ziele und Formen guter Bildung weiterentwickelt. Doch Veränderung ist ein schwerfälliger Prozess. Wir befinden uns in der Entwicklung – jede einzelne Person ebenso wie unsere (Bildungs-)Institutionen und Organisationen.

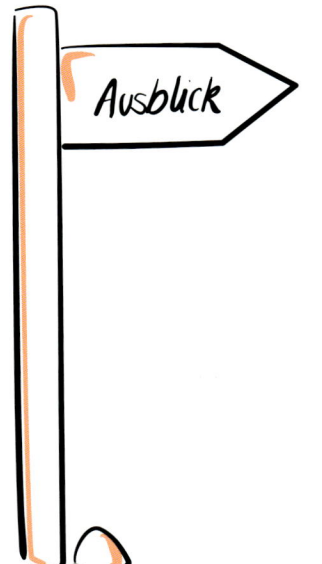

Es stellt sich also die Frage, wie wir als Lehrende zukünftig methodisch und didaktisch (digitale) Lernumgebungen gestalten können, die bei Lernenden die Fähigkeit reifen lassen, komplexe Probleme selbstorganisiert und kreativ zu lösen. Oder anders: Wie sollten Lernumgebungen gestaltet sein, damit Schüler*innen die Möglichkeit haben, in Zukunft Technologien zu nutzen, von denen wir heute noch nicht wissen, dass sie entwickelt werden oderProbleme zu lösen, die wir aktuell noch nicht kennen oder Jobs auszuüben, die jetzt noch nicht existieren?

EIN (NEUES) ZIELBILD

Bestimmte pädagogische Ansätze, psychologische und neurowissenschaftliche Forschung, Pilotprojekte und Modellschulen geben uns eine Vorstellung davon, was ein solches (verändertes) Lernen beinhaltet. Der Weg dorthin führt uns von einem historisch geprägten Lernverständnis, dessen Kernziele Wissenserwerb sowie militärische und wirtschaftliche Verwertbarkeit waren, hin zu dem Ziel, Herausforderungen in einer komplexen Welt zu lösen und mitzugestalten. Diese Veränderung der zentralen Parameter von Lernen früher und heute haben wir in der Tabelle auf der rechten Seite einmal zusammenfasst.

VOM LEHRENDEN ZUR LERNBEGLEITUNG

Aus all diesen Aspekten, die sich noch um viele weitere ergänzen ließen, ergibt sich eine zentrale Veränderung des zeitgemäßen Lernens: Die Entwicklung der Rolle von Lehrenden hin zu Lernbegleiter*innen. Denn all die oben formulierten Ziele lassen sich nicht durch zentral gesteuerten Unterricht erreichen, sondern erfordern eine prozessorientierte und individuelle Begleitung der Lernenden.

WEG VON ...	HIN ZU ... 
Wissen	Kompetenz
Vermitteln & Belehren	Herausfinden
Analog	Digital & hybrid
Starren Schulstrukturen	Verknüpften & flexiblen Bildungskontexten
Lernen im Gleichtakt	Individuellem Lernen
Einzelkämpfertum	Zusammenarbeit
(Fremd-)Steuerung	Selbstorganisation & Mitbestimmung
Eindimensionalität	Mehrperspektivität & Vernetzung
Lehrer*innenzentrierung	Lerner*innenzentrierung
Feststehenden Ergebnissen	Ergebnisoffenheit
Vorgegebener Bedeutung	Persönlichem Sinn
Lehrenden	**Lernbegleiter*innen**

„EINE BILDUNG,
UM PROBLEME ZU LÖSEN,
DIE WIR AKTUELL
NOCH GAR NICHT KENNEN"

EIN NEUES ROLLENVERSTÄNDNIS

Um sich diesem neuen Zielbild zu nähern, gewinnen pädagogische Ansätze informellen Lernens und deren Verknüpfung mit schulischen Kontexten zunehmend an Bedeutung. Es ist dabei essentiell, dass Pädagog*innen ihr didaktisches Handeln reflektieren, um Lernende auf ihrem individuellen Lernweg begleiten zu können. Ein gutes Beispiel ist die vom Pädagogen Rolf Arnold entwickelte Ermöglichungsdidaktik. In diesem Konzept stehen Selbstbestimmung und Selbststeuerung der Lernenden im Mittelpunkt. Die Aufgabe von Lernbegleiter*innen ist es hier, Rahmenbedingungen und Lernarrangements zu schaffen, in denen individuelle Lernprozesse stattfinden können. Solche Ansätze, die auf Erkenntnissen des Konstruktivismus und der Hirnforschung basieren, markieren in der Pädagogik einen Lernkulturwandel von der Wissensvermittlung hin zur Kompetenzentwicklung und unterstützen Lehrende in ihrer Transformation zu Lernbegleiter*innen.

MEHR VERANTWORTUNG DER SCHÜLER*INNEN FÜR IHR LERNEN

Diese Transformation bedeutet neben einer Veränderung von Rollenverständnis, Haltung und Arbeitsstrukturen auch eine höhere Verantwortung der Kinder und Jugendlichen für das eigene Lernen. Das braucht Zeit, gute Begleitung und erfordert vielfach ein Lösen von den Mustern, die sich tief in unserer formalen Bildung in Schule, Ausbildung, Studium sowie der Arbeitswelt verankert haben. Statt wie bisher in die Rolle der Wissensvermittlung zu treten, sind zukünftige Lernbegleiter*innen Gestaltende von vielseitigen Lernumgebungen als

Experimentierraum. Sie sind Coach und Berater*in, Zuhörer*in, Mutmacher*in sowie Ermutiger*in und Mitlernende*r für die Lernenden. Eine zentrale Aufgabe von Lernbegleiter*innen ist deshalb die persönliche Begleitung einzelner Schüler*innen, während fachliche Inhalte zunehmend selbstständig oder gemeinsam mit Peers erarbeitet werden. Viele Schulen, die sich auf diesem Weg befinden, haben sich deshalb von klassischen Zeitstrukturen und klar voneinander abgegrenztem Fachunterricht losgelöst. Die dadurch gewonnene Zeit wird stattdessen für regelmäßige Lernentwicklungs- und Coaching-Gespräche mit den Lernenden genutzt, in denen Lernziele und Lernerfolge reflektiert und Möglichkeiten zur Bewältigung von Herausforderungen entwickelt werden.

NEUE KRAFT DURCH NEUE ROLLE

Aus der Begleitung vieler Lehrkräfte in eine solche Rolle wissen wir, dass der Weg länger dauert, als man zuerst denkt und dass es Rückschläge und Herausforderungen gibt. Auch Schüler*innen sind ein solches Lernen häufig noch nicht gewohnt

Das sprechende Buch
bewirken.org/a6

und kommen mit den neuen Erfahrungen des selbstorganisierten Lernens nicht immer direkt zurecht. Es ist auch eine falsche Annahme, dass die Rolle der Lernbegleitung weniger Arbeit oder Kraft erfordert, denn es kostet viel Aufmerksamkeit, Kompetenz und auch Vorbereitung, gute Lernräume zu gestalten. Eine Sache beobachten wir jedoch bei fast allen Kolleg*innen: Das Loslassen der Verantwortung für individuelle Lernwege der eigenen Schüler*innen und die Übertragung von Verantwortung führt zu neuer Kraft und weniger negativem Stress.

REFLEXION DER ROLLEN

DIGITALISIERUNG UND NEUES LERNEN

DOCH WAS HAT DAS NUN ALLES MIT DIGITALISIERUNG ZU TUN?

In unserer digitalen Welt hat sich die Bedeutung von Fachwissen enorm verändert – Es bleibt zwar weiterhin als Grundlage für das Verständnis komplexer Zusammenhänge wichtig, aber es hat seine alleinige Priorität als Kernelement von Bildung verloren. Der Zugang zu Informationen ist für jeden einfach möglich und mit wenig Aufwand und Zeit kann man durch einfache Recherche auf nahezu jede Form von Informationen zugreifen. Viele Akteure und Tools außerhalb des formalen Bildungssystems haben es sich außerdem zur Aufgabe gemacht, diese Informationen so aufzubereiten, dass daraus Wissen entstehen kann.

Diese Bedeutungsverschiebung ist erst durch das Internet möglich geworden. Während der Zugang zu Wissen früher begrenzt, ein Privileg und Mittel zum Machterhalt war, haben wir heute vielmehr mit einer Informationsflut zu kämpfen. Auch Lehrkräfte haben gar nicht mehr die Möglichkeit, sich alles aktuelle und relevante Wissen (ihres Fachbereichs) anzueignen. Die Herausforderung unserer Zeit ist nicht, Wissen anzuhäufen, sondern relevantes Wissen aus einer nicht endenden und sich ständig aktualisierenden Masse an Informationen herauszufiltern, zu (re-)kontextualisieren und für diverse Anwendungsbereiche nutzbar zu machen.

Ein neues Lernen wird aber auch durch die Kommunikationsmöglichkeiten einer digitalen Welt unterstützt, die neben ortsungebundener asynchroner Kommunikation auch gemeinschaftliches Arbeiten im digitalen Raum erlauben. Ergänzt wird diese Entwicklung durch multimediale Formate, die völlig neue Formen von Lerninhalten und Ergebnissicherung ermöglichen – beispielsweise in Form von Videos, Tonaufnahmen oder interaktiven Karten. Die Verknüpfung von Inhalten über Verlinkungen (beispielsweise in Form von Wikis und Blogs), die direkt zu ergänzenden oder zugrundeliegenden Inhalten weiterführen, war noch vor einigen Jahrzehnten kaum denkbar, prägt jedoch heute unser Denken und unseren Wissenserwerb enorm.

WIE DIGITALE MÖGLICHKEITEN UNSER LERNEN UNTERSTÜTZEN

Diese digitalen Möglichkeiten können den oben beschriebenen Wandel hin zu zeitgemäßem Lernen nicht nur unterstützen, sondern sind essentiell dafür. Es ist jedoch wichtig zu sehen, dass dies nicht bedeutet, dass analoge und auf sozialen Kontakten in Präsenz beruhende Lernformen deshalb ausgedient haben. Vielmehr braucht es eine Verknüpfung von digitalen und analogen, von asynchronen und synchronen Lernsituationen. Ziel sind deshalb Lernprozesse, in denen sich

Schüler*innen kontext- und situationsbedingt Ziele, Inhalte, Strategien, Methoden und Kontrollmechanismen ihrer Lernprozesse selbst erarbeiten. Kommunikation findet über verschiedene Wege und auch digital über die Lernplattform statt. Wikis, Blogs oder soziale Medien kommen zum Einsatz und lassen Lerngemeinschaften entstehen. Lernende entwerfen sich ihr eigenes digitales Lern-Portfolio mit einer Sammlung von Dokumenten, können dies mit Mitlernenden teilen und zur eigenen Reflexion nutzen. Das Lernergebnis und der individuelle Lernweg können festgehalten werden. Diese Unterlagen können digitale Dokumente, Weblogs, Wikis, Podcasts sowie Audio- oder Videomitschnitte aus Vorträgen oder Diskussionen sein. Im Prozess des selbstorganisierten Lernens runden interaktive Workshops und Projekttreffen in Präsenz oder auch online den Entwicklungsfortschritt der Lernenden ab und fördern zugleich den Peer-Austausch.

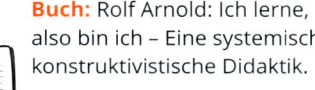

Buch: Rolf Arnold: Ich lerne, also bin ich – Eine systemisch-konstruktivistische Didaktik.

Video: Augenhöhe macht Schule – Eine Dokumentation über Schulen, die sich auf den Weg gemacht haben. https://www.youtube.com/watch?v=Tzxkj-MTFKE&t=523s

LERNEN LOSZULASSEN

Es gibt viele spannende Pilotprojekte und Modellschulen, die diese Formen von gemeinsamem Lernen und Lehren ausprobieren. Dabei gibt es nicht die eine Lösung für alle, sondern viele Wege, in diese neue Form des Lernens zu kommen. Viele von euch begeben sich Stück für Stück auf die Reise und lernen, die Schule anders und mit freieren Lernräumen zu gestalten. Sowohl für Lehrkräfte als auch für Schüler*innen ist es ein Weg, der ein neues Lernverständnis, neue Rollen und Routinen braucht und der sich deshalb nicht von einem Tag auf den anderen zurücklegen lässt. Wir möchten dich jedoch ermutigen: Nutze die Chancen, die dir die digitale Gestaltung von Lernsettings bietet, um dich auf diesen Weg zu machen – und lerne loszulassen! In diesem Buch geben wir ganz praktisch und pragmatisch mit Methoden und Tipps ein paar Anstöße für deine nächsten Schritte.

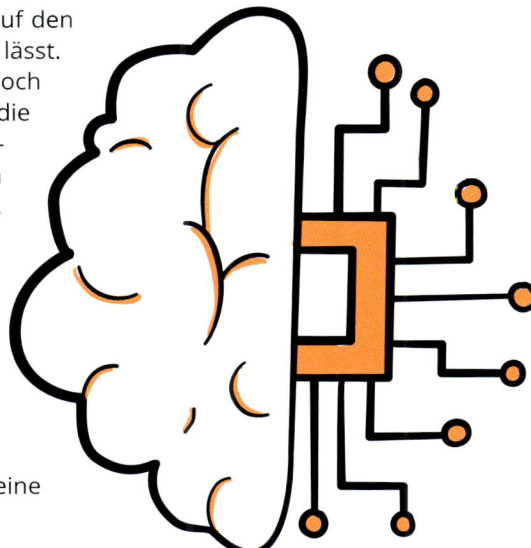

TEIL 2 – GRUNDLAGEN UND TOOLS FÜR DIGITALEN UNTERRICHT

KAPITEL 4

GRUNDLAGEN UND VORAUSSETZUNGEN FÜR GUTEN DIGITALEN UNTERRICHT

ONLINE & HYBRID

LERNRÄUME ONLINE UND INTERAKTIV GESTALTEN

Die Interaktion in digitalen Lernräumen ist uns allen seit dem Beginn der Pandemie 2020 sehr bekannt. Dazu gehören sowohl direkte Online-Videotreffen, aber auch viele Formen des zeitversetzten Lernens oder hybride Formen mit einigen Teilnehmenden in Präsenz und anderen digital dazu geschaltet.

Daher wollen wir uns nun dem Kernthema dieses Buches widmen – dem Online-Unterricht. Wenn wir von Online-Unterricht sprechen, meinen wir synchrone digitale Lernräume, die in Form von Videokonferenzen geschaffen werden. Wir unterscheiden, wo sinnvoll, auch zwischen online und hybridem Unterricht. Vieles trifft jedoch auf

beide Formen gleichermaßen zu. Fast alle der hier genannten Grundlagen und auch die Mehrzahl der Methoden können außerdem auf den Unterricht in Präsenz mit digitalen Hilfsmitteln übertragen werden und damit einen Weg öffnen, generell die Vorteile von digitalen Tools im Unterricht zu nutzen. Dadurch werden Lernformen möglich, die selbstorganisierter, zeit- und ortsunabhängiger werden.

ONLINE-UNTERRICHT KANN IN VERSCHIEDENEN ZUSAMMENHÄNGEN INTERESSANT UND RELEVANT SEIN:

- Im Fern- oder auch Distanzunterricht, wie wir ihn durch die Corona-Pandemie kennengelernt haben.

- Im Rahmen von hybriden Lernangeboten, in denen Online-Lerneinheiten ergänzend zu Präsenz- und Selbstlernangeboten stattfinden können. Es zeichnet sich ab, dass sich diese Form in vielen außerschulischen Kontexten auf Dauer durchsetzen wird.

- Als Ort für Austausch, Reflexion und Fragen ergänzend zu asynchronen Lernphasen, zum Beispiel während eines Praktikums oder im Rahmen von Lerngruppen auch in Schule.

GRUNDSTRUKTUR – KOMBINATION AUS SELBSTLERNEN & GEMEINSAMEN REFLEXIONEN

Eine wichtige Erkenntnis aus den Monaten der Pandemie ist, dass Lernen dort in der Regel am besten funktioniert hat, wo eine gute Mischung aus gemeinsamen Reflexionspunkten – in Form von Online- oder Hybrid-Sessions – und Zeit zum Selbstlernen ohne Videoverbindung bestand. Synchroner Online-Unterricht sollte daher immer nur eine Ergänzung zu eigenständigen Lernphasen sein – alleine oder in Gruppen. Deshalb nutzen wir im Folgenden auch vermehrt den Begriff „Online-Sessions", um zu kennzeichnen, dass es nicht darum geht, den gesamten Unterricht online durchzuführen.

Wenn Schüler*innen neben Online-Sessions auch viel selbstständig lernen, ist es umso wichtiger, die Schüler*innen bei der Strukturierung selbstorganisierter Lernzeiten zu unterstützen. In Zeiten des Fernunterrichts können Online-Sessions so insbesondere auch der sozialen Interaktion, der interaktiven Vertiefung von bereits erarbeiteten Inhalten, der Klärung von Fragen sowie der Reflexion und Definition von Lernzielen dienen. Dieser Aufbau ist auch schon länger als „Flipped Classroom"-Ansatz bekannt und wurde durch die Pandemie in vielen Fällen aus der Not heraus genutzt, da normaler Unterricht kaum möglich war. Wir sehen eine große Chance darin, diese neue Struktur des Lernprozesses auch in den Präsenzunterricht zu integrieren.

Flipped Classroom: Flipped Classroom bedeutet „umgekehrter Unterricht" und meint, dass sich Schüler*innen neue Inhalte zuhause selbstständig aneignen, um im Unterricht diese Inhalte gemeinsam zu vertiefen, zu verknüpfen und zu reflektieren.

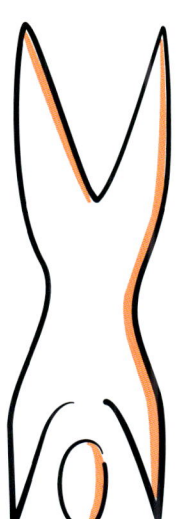

BESONDERHEITEN DES ONLINE-UNTERRICHTS

Was sollte man beim Online-Unterricht beachten? Was läuft anders und wie kann es gelingen, eine Online-Session lebendig und interaktiv zu gestalten? Hier geben wir dir einen Überblick darüber, was du beim didaktischen und methodischen Aufbau einer Online-Unterrichtseinheit beachten solltest.

Die Lernsituation ist online eine deutlich andere. Dinge, die in Präsenz selbstverständlich sind – wie der informelle Austausch vor und zwischen den Unterrichtsstunden, Rückfragen an die Sitznachbar*in, spontaner Austausch mit der Lehrperson – gehen online schnell verloren. Es ist deshalb wichtig, bestimmte interaktive Elemente sowie Start und Ende ganz bewusst zu gestalten, um eine runde und aktivierende Unterrichtsstunde online durchzuführen. Wir haben im Folgenden die sechs wichtigsten Besonderheiten zusammengefasst, inklusive unserer Empfehlung, wie du mit Ihnen umgehen kannst.

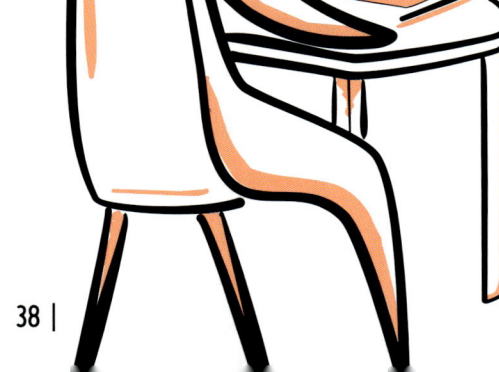

I. RÄUMLICHES LERNEN UND DIE VERANKERUNG VON WISSEN

Wir wissen, dass Lernen auch mit Kontext und Raum zusammenhängt und sich Lernerfahrungen durch räumliche Erlebnisse und Wahrnehmungen verankern. Das zweidimensionale und auch sehr tunnelartige Fokussieren in Online-Sessions schwächt diese Verankerung.

Unsere Empfehlung: Verbinde Online-Sessions mit dem Flipped-Classroom-Ansatz, damit die Lernerfahrung auch ergänzend an anderen Orten stattfinden kann. Nutze außerdem digitale Board-Tools, um auch digitale Lernräume zu schaffen, die (visuell) einprägsam sind und binde analoge Lernmaterialien und Gegenstände in Online-Sessions ein, mit denen Teilnehmende Wissen verknüpfen können.

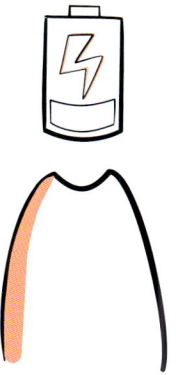

2. ABSCHWÄCHUNG VON SOZIALEN SIGNALEN, STIMME UND KÖRPERSPRACHE

Ohne Kamera fällt ein Großteil der Informationen unserer Kommunikation weg. Doch selbst wenn wir eine Kamera nutzen können, sehen wir Menschen nur als Ausschnitt und auch in einer ungewohnt kleinen Größe. Einige sehr wichtige Körpersignale werden daher oft übersehen oder fallen wörtlich gesprochen „unter den Tisch". Die Tonqualität schluckt feine Nuancen unserer Tonhöhe und Aussprache, die wir sonst selbstverständlich wahrnehmen und nutzen können.

Unsere Empfehlung: Achte vor allem als Lehrende*r auf ein gutes Bild und deine Position vor der Kamera (sitzen oder stehen, Körperausschnitt im Bild, Winkel der Kamera). Verstärke bewusst Gestik und Mimik sowie bestimmte Reaktionen mit zustimmenden Lauten, anstatt nur per Mimik zu reagieren. Am wichtigsten aber sind gemeinsame kurze Reflexionspausen und gegenseitiges Feedback, um zu schauen, ob deine Eindrücke von der Gruppe hinsichtlich inhaltlicher Fragen oder das Energielevel betreffend auch wirklich zutreffen.

3. HÖHERER ENERGIEVERBRAUCH FÜR AUFMERKSAMKEIT ALS IN PRÄSENZ

Die ersten wissenschaftlichen Studien aus der Pandemiezeit bestätigen eine Vermutung, die viele haben: Videokonferenzen sind für uns neurophysiologisch besonders fordernd und damit auch energetisch meist anstrengender als klassische Lernsettings.

Unsere Empfehlung: Eigentlich bedeutet diese Erkenntnis nur, dass wir gemeinsam achtsam mit uns und der Lerngruppe sein müssen, wofür genau man synchronen Online-Unterricht nutzt, wie lange die Sessions dauern und wie interaktiv und lebendig wir diese gestalten. Nicht zu empfehlen ist demnach, klassische Stundenpläne oder Unterrichtseinheiten 1:1 digital zu kopieren. Besser ist es, die synchronen Sessions für Austausch, Reflexion, Kollektivierung und soziales Miteinander zu nutzen.

BESONDERHEITEN DES ONLINE-UNTERRICHTS

4. VERÄNDERTER UMGANG MIT INDIVIDUELLEN BEDÜRFNISSEN

Die Nutzung von digitalen Tools und selbstorganisierten Lernmethoden in Präsenz, aber auch im Online-Unterricht, ist Chance und Herausforderung zugleich für die Einbindung individueller Lernbedürfnisse der Schüler*innen. Die Sichtbarkeit der individuellen Bedürfnisse kann erschwert sein, die Möglichkeit gute Begleitung und Unterstützung zu bieten ist aber deutlich besser.

Unsere Empfehlung: Einige besondere Bedürfnisse, die nur durch spezielle Lernbegleiter*innen erfüllt werden können, brauchen digital die gleiche Aufmerksamkeit wie analog. Viele Lernbedürfnisse, denen in normalen Unterrichtsformen schwer gerecht werden kann, werden aber durch eine Mischung aus synchronem und asynchronem Unterricht und Selbstorganisation erst erfüllbar. Hinzu kommt, dass die Nutzung von digitalen Hilfsmitteln und Informationsquellen es den Schüler*innen leichter macht, die eigene Lerngeschwindigkeit zu halten und zusätzliche Informationen oder Hilfen zu erhalten. Die dafür nötige Veränderung der Eigenverantwortung und Selbstorganisation der Lernenden ist aber ein Prozess, für den wir als Lehrende Geduld brauchen.

5. ANDERE FORMEN DER INTERAKTION UNTER DEN SCHÜLER*INNEN

Nicht nur durch die Schulschließungen waren während der Pandemie auf einmal soziale Kontakte zu Lernpartner*innen schwerer. Auch das Lernen in zentralen Videokonferenzen macht den Austausch mit virtuellen Nachbar*innen nicht einfacher. Gleichzeitig ergeben sich neue Möglichkeiten, die Schüler*innen in einen Peer-Austausch zu führen.

Unsere Empfehlung: Schüler*innen brauchen direkte Vertrauenspersonen unter Gleichaltrigen. Die Kommunikation mit Peers sollte daher ein fester Bestandteil von Online-Unterricht sein und auch die Erlaubnis, parallel geschützte Kommunikationswege (z.B. Messenger) zu nutzen, ist wichtig. Zusätzlich bietet die Einführung und Nutzung von festen Lerngruppen und Buddy-Beziehungen, also bewusst eingeführten Lern-Tandems, eine Chance, die Schüler*innen in einen intensiveren Austausch mit Peers zu bringen.

6. SCHWIERIGERE STEUERUNG DER LERNWEGE

Eine Herausforderung von digitalem Fernunterricht, aber auch von Präsenzunterricht mit digitalen Hilfsmitteln ist, dass die zentrale Steuerung von Lernwegen der einzelnen Lernenden immer schwieriger wird. Die Sichtbarkeit der Lernergebnisse lässt sich dabei noch durch bestimmte Methoden und Tools darstellen, letztlich ist durch die größere Selbstorganisation der Schüler*innen aber eine Steuerung oder feingliedrige Kontrolle fast unmöglich.

Unsere Empfehlung: Nutze diese Herausforderung als Chance, mit deinen Schüler*innen in einen Prozess zu gehen, um neue Rollen und Verantwortungen zu entwickeln. Lernwege und Ergebnisse werden schwerer vergleichbar. Das kann sich letztlich in veränderten Prüfungsformen und Reflexionsangeboten niederschlagen. Kompetenz- und Lernpläne werden zu Ankern der Lernreise und du als Lernbegleiter*in zum Späher und Motor. Wo sind die nächsten spannenden Themen und was braucht es, damit der Motor, also ein guter Lernraum, nicht ausgeht?

AUFBAU GUTER (ONLINE-)SESSIONS

Um dir einen Anhaltspunkt für gute Online-Sessions zu geben und dir einige wichtige Prämissen für den Aufbau einer solchen Sitzung zu verdeutlichen, nutzen wir hier ein Akronym aus der Erlebnispädagogik. Der Merksatz „WIRT" – Warm-up, Interaktion, Reflexion, Transfer – stellt gemeinsames Lernen in den Mittelpunkt und legt den Fokus auf die Verarbeitung und Reflexion des Gelernten.

Mit einem Warm-Up ist hier nicht nur ein energetischer Start gemeint, sondern das Ankommen und Zurechtfinden im Lernraum. Eventuell fällt darunter auch das Kennenlernen anderer Teilnehmer*innen, wenn gruppendynamisch nötig. Darauf folgt die Interaktion, meist durch kommunikative Methoden, gemeinsames Lernen und Erlebnismomente, welche die Schüler*innen aus der Komfortzone in die Lernzone versetzen. Anschließend folgt die Reflexion, wodurch Erlebtes rekapituliert und besprochen werden kann. Erst in der Reflexion liegt häufig die Verankerung von Gelerntem oder die Veränderung von Information zu Wissen. Ein abschließender Transfer hilft, zu (re-)kontextualisieren und Gelerntes für die Zukunft nutzbar zu machen.

STRUKTUR VON ONLINE-SESSIONS

Gerade für den Online-Unterricht eignet sich dieses Modell sehr gut als Rahmen, um die Lernenden gut in ihrem sehr selbstgesteuerten Lernen zu unterstützen, denn vor allem die Reflexion und der Transfer dürfen nicht zu kurz kommen.

An dieser didaktischen Grundstruktur orientiert sich auch die Sortierung der Methoden in diesem Buch:

- Check-In (Warm-Up)
- Lernmethoden (Interaktion)
- Check-Out (Reflexion & Transfer)

Im Folgenden schauen wir uns die Struktur einer Online-Session mit der in diesem Buch verwendeten Einteilung genauer an, damit du ein gutes Gespür dafür bekommst, wie du die Methoden für dich nutzen und in deinen Unterricht einbauen kannst.

GEMEINSAM ANKOMMEN IM DIGITALEN LERNRAUM

Das Ankommen im virtuellen Lernraum gestaltet sich je nach Gruppengröße und -zusammensetzung unterschiedlich, hat jedoch eine ähnliche Funktion wie im Klassenzimmer. Es dient der Eingewöhnung, Erkennung von Problemen und der

Buch: Tim Kantereit: Hybridunterricht 101 - Ein Buch entstanden aus einem kollaborativen Schreibprozess mit über 30 Autor*innen. https://visual-books.com/hybrid-unterricht-101/

Schaffung von Routine und psychologischer Sicherheit. Für den Online-Unterricht kann es hier schön sein, wenn der virtuelle Raum bereits einige Minuten früher geöffnet ist, sodass sich bereits erste Gespräche oder informelle Fragen entwickeln oder auch ganz einfach noch technische Schwierigkeiten behoben werden können. Diese Momente vor der eigentlichen Unterrichtsstunde sind hilfreich, um anschließend fokussiert mit allen starten zu können. Diese Phase des Ankommens, welche in Präsenz selbstverständlich und natürlich ist, wird im digitalen Raum leider häufig vergessen.

Synchroner & asynchroner Unterricht: Im digitalen Lernen wird häufig von synchronem und asynchronem Lernen gesprochen. Asynchrone Lernphasen sind dadurch gekennzeichnet, dass Schüler*innen hier selbstbestimmt und unabhängig von der Gesamtgruppe lernen, während in synchronen Lernphasen alle zusammenkommen, beispielsweise in einer Online-Unterrichtsstunde.

AUFBAU GUTER (ONLINE-)SESSIONS

CHECK-IN — METHODEN ZUM EINSTIEG

Damit wir gut in einen gemeinsamen Lern- und Dialograum starten können, braucht es gemeinsamen Fokus und einen spannungsgeladenen Raum. Diese Phase wird auch Check-In genannt. Durch diesen gemeinsamen Startpunkt wird ein Rahmen gesetzt, der allen Ziel, Zeitrahmen und Erwartungen verdeutlicht. Der Check-In kann für einen persönlichen und reflexiven Start genutzt werden, um Lernprozess oder Inhalt zu reflektieren. (Mögliche Leitfragen: Wie geht es mir? Wie komme ich mit meinem Lernen voran?). Er kann aber auch als inhaltlicher Einstieg genutzt werden (z.B. durch eine Umfrage zu Meinungen oder Vorwissen zu einem neuen Thema).

Da die Größe einer Klasse es schwierig macht, jede*n in der großen Runde einmal zu Wort kommen zu lassen, eignen sich für den Check-In Methoden, die entweder in Kleingruppen (sogenannten Breakout-Räumen) angewandt werden oder bei denen beispielsweise durch ein Umfrage-Tool alle gleichzeitig einchecken können. Ideen für Check-In Methoden findest du im Kapitel „Check-In – Methoden zum Einstieg". Wie du den Check-In gestaltest, entscheidet maßgeblich, wie die Unterrichtsstunde oder dein Workshop ablaufen wird. Je interaktiver oder dynamischer er ist, desto besser wird auch die Partizipation im Rest der Session funktionieren. Hier entscheidet sich außerdem, welche Erwartung die Teilnehmenden an den Workshop oder die Unterrichtsstunde haben kann.

LERNMETHODEN – METHODEN ZUR THEMATISCHEN ARBEIT

Kernstück der Unterrichtsstunde ist in der Regel die vertiefte Arbeit zu bestimmten Themen und Inhalten, Diskussionen, gemeinsame Reflexionen und das Einordnen von Gelerntem oder auch die Arbeit an individuellen Projekten. Grundsätzlich sind wir davon überzeugt, dass selbstorganisiertes Lernen und neue Lernkonzepte die inhaltliche Arbeit in festen gemeinsamen Unterrichtsstunden ersetzen wird. Diesen Übergang können wir gemeinsam gestalten und dafür sorgen, dass im inhaltlichen Teil deiner Unterrichtsstunde vor allem der Austausch, die Interaktion und das gemeinsame Arbeiten im Vordergrund stehen. Für den Online-Unterricht solltest du dir die Frage stellen: Für welche Aspekte des Lernens und der inhaltlichen Arbeit ist es wichtig, mit der Klasse zusammenzukommen? Wir empfehlen dir auch hier, den Fokus auf die Interaktion zu legen. Ob Diskussionen, Projektarbeit, die gemeinsame Vertiefung oder Erarbeitung von Inhalten – all das funktioniert auch online. Für Gruppenarbeiten kannst du Breakout-Räume nutzen, aber auch Hilfsmittel wie digitale Board-Tools, in denen du mit der ganzen Klasse interaktiv an Themen arbeiten kannst. Ideen, mit welchen Methoden du im Online-Unterricht inhaltlich gut arbeiten kannst, findest du im Kapitel „Lernmethoden – Methoden zur thematischen Arbeit". Viele dieser Methoden sind auch hybrid und im digitalen Unterricht in Präsenz möglich.

CHECK-OUT – ABSCHLUSS, REFLEXION & TRANSFER

Am Ende von gemeinsamen Lerneinheiten sollte sowohl ein inhaltlicher als auch ein organisatorischer Check-Out stattfinden. Es bietet sich eine verbale Zusammenfassung an oder ein gemeinsamer Blick auf das Arbeitsergebnis, falls ein interaktives Tool genutzt worden ist. Es sollten nächste Schritte geklärt werden, beispielsweise auch zu den selbstständigen Arbeitsphasen oder zur Zusammenarbeit in Peer-Gruppen zwischen den Unterrichtsstunden. Außerdem empfehlen wir, den Check-Out auch als persönlichen Reflexions- oder Feedbackraum zu nutzen. Während des Check-Outs über Breakout-Räume, Kleingruppen oder eine persönliche Frage kannst du zum Nachdenken anregen. Als wirklich letzter Punkt sollte ein klares Ende und gemeinsamer Schlusspunkt gefunden werden. Der Abschied kann z.B. durch einen Gruß in die Kamera, ein virtuelles „High-Five" oder das Halten eines Bildes in die Kamera erfolgen. Sinnvolle Methodenanregungen hierfür findest du im Kapitel „Check-Out – Methoden zum Abschluss für Reflexion & Transfer".

SO STARTEST DU DEINEN ONLINE-UNTERRICHT

TIPPS & TRICKS AUS DER PRAXIS

Hier noch ein paar Hinweise, die aus unserer Erfahrung sehr hilfreich sind, um gutes digitales Lernen zu gestalten:

- Denke Unterricht digital – das heißt, versuche nicht, deinen analogen Unterricht einfach nur auf digitale Geräte zu übertragen, sondern erkunde die Möglichkeiten und Chancen digitalen Unterrichts gemeinsam mit deinen Lernenden (z.B. Breakout-Räume, paralleles Arbeiten an Dokumenten und Boards, Chat als parallele Option für Diskussionen und Fragen, Inputs oder Aufgaben in individuelle Arbeitsphasen auslagern etc.).

- Integriere soziale Bedürfnisse in deinen Unterricht – gemeinsam Spaß haben, sich austauschen. Das klappt durch den Einbau kleiner Auflockerungen, wie einer Energizer-Übung oder einem Austausch im Breakout-Raum.

- Baue Bewegungspausen ein, insbesondere dann, wenn dein Online-Unterricht länger als 90 Minuten dauert, z.B. ein kurzes Spiel oder einfach fünf Minuten Beine vertreten und frische Luft schnappen. Im besten Fall sind Selbstlern- oder Gruppenphasen ein fester Bestandteil und ermöglichen den Lernenden die Energie gut selbst einzuteilen.

- Mit einer klaren Ansprache vermeidest du Verwirrungen und technische Probleme aufgrund gleichzeitigen Redens. Arbeite mit Handzeichen (für einige Programme gibt es dafür extra Funktionen) und Meldeketten, sodass Schüler*innen direkt angesprochen werden.

- Gehe mit Gelassenheit, Mut und Neugierde an die neuen Erfahrungen heran und lerne gemeinsam mit deinen Schüler*innen. Das hilft dir, negativen Stress zu vermeiden und auch, dich in eine neue Rolle zu entwickeln und den Schüler*innen mehr Verantwortung zu geben.

- Probiere digitale Möglichkeiten ohne Angst und Vorurteile aus. Themen wie Datenschutz und Verständnis der Nutzbarkeit lassen sich in der Regel lösen und verhindern daher nicht den sinnvollen Einsatz im Unterricht. Außerdem ist es mit dem selbstorganisierten Lernen so eine Sache: Nur weil wir als Lehrende vielleicht nicht damit umgehen können oder keinen Mehrwert sehen, muss dies nicht unbedingt auch für unsere Schüler*innen gelten.

Tipp zum Ausprobieren: Führe doch einfach mal eine Hospitation mit Kolleg*innen durch. So könnt ihr voneinander lernen und euch gegenseitig Feedback geben. Generell machen wir die Erfahrung, dass wir beim Hospitieren – wir nennen es auch „Shadowing" – viel lernen können, weil wir Unterricht und Schule aus einer Beobachterrolle erleben und wertschätzend ohne bewertet zu werden Feedback geben können.

VERTEILTE ROLLEN UND SOZIALE BEZUGSGRUPPEN

Der digitale Raum erfordert neue Rollen und ermöglicht es dir, verschiedene Aufgaben an deine Schüler*innen abzugeben – um dich zu entlasten, aber auch, um die Schüler*innen einzubinden und mit in die Verantwortung für ein gutes Gelingen des Online-Unterrichts zu nehmen. Dafür bieten sich auch neue soziale Bezugssysteme zum Austausch an:

- Technik-Helfer*in – Sie sind Ansprechpartner*in für technische Fragen und Probleme im Vorfeld und auch während des Unterrichts.

- Chat-Beauftragte*r – Wenn du den Chat für Fragen nutzt, kann es hilfreich sein, wenn ein*e Schüler*in den Chat im Auge behält und Fragen an geeigneter Stelle an dich weitergibt.

- Moderation – In Online-Settings ist es noch wichtiger als in Präsenz, dass auch in Kleingruppen eine Person die Moderation übernimmt.

- Peer-Gruppe/Lerngruppe – Kleingruppen sind von großer Bedeutung für selbstorganisiertes Lernen, als Austausch- und Arbeitsgruppe, um direkte Fragen zu klären und sich gegenseitig zu unterstützen.

- Buddy/virtuelle*r Banknachbar*in – Eine direkte Bezugsperson kann auch eine Triade sein, mit sich im Vertrauen und im geschützten Raum über inhaltliche, aber auch persönliche Dinge ausgetauscht werden kann.

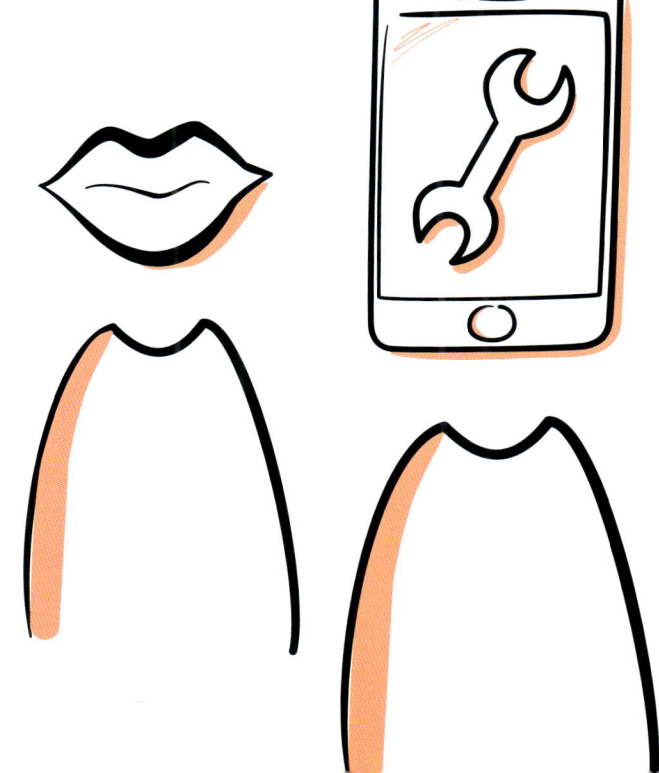

META-METHODE BREAKOUT & KLEINGRUPPEN

Diese Methode ist grundlegend auch für einige andere der von uns vorgestellten Methoden und bereichert alle Unterrichtsphasen. Im Grunde ist es keine Methode, sondern ein Grundbaustein, also eine Meta-Methode – auch für Gruppen- und Lernprozesse in Präsenz. Wir wissen schon lange, dass es Austausch mit anderen braucht, um Wissen zu verankern und Informationen gut zu verarbeiten. In einer Gruppe mit mehr als fünf Personen kommen aber schnell andere Themen dazwischen, die gruppendynamisch anspruchsvoll sein können, und ab zwölf Personen kann ein guter Diskurs kaum mehr geführt werden. Daher empfehlen wir, auch im digitalen Austausch die Arbeit in Kleingruppen – auch Murmelgruppen genannt.

BREAKOUT-RÄUME SIND VIRTUELLE GRUPPENRÄUME

Breakout-Räume sind virtuelle Räume, in denen man auch während einer Videokonferenz in mehreren Kleingruppen arbeiten kann. Gruppen- und Partnerarbeit sind essentiell für gute Lernprozesse und deshalb auch ein sehr wichtiger Teil des Online-Unterrichts. Breakout-Räume eignen sich für Check-In oder Check-Out in Kleingruppen, für inhaltliche Zusammenarbeit, für Diskussionen, Austausch- und Reflexionsgespräche. Da Gespräche in der großen Gruppe im Online-Unterricht häufig schwieriger anlaufen, eignet sich die Methode gut, um alle Schüler*innen in die Aktivität zu bringen und einen kleineren geschützten Rahmen zu schaffen.

WIE NUTZE ICH BREAKOUT-RÄUME

- Die Funktion der Breakout-Räume ist nicht in allen, aber in sehr vielen Videokonferenz-Systemen enthalten (u.a. Big Blue Button, Microsoft Teams, Zoom, Webex). Es gibt daher keine zentrale technische Anleitung für die Einrichtung von Breakout-Räumen im Allgemeinen. Es gibt jedoch zahlreiche Tutorials auf YouTube, hier findest du also Infos dazu, wie du mit deinem Videokonferenz-Tool Breakout-Räume erstellen kannst.

- Grundsätzlich ist es so, dass du während einer Videokonferenz Gruppen zusammenstellen und darüber entscheiden kannst, wann die Lernenden in die Gruppen geschickt werden und wann sie wieder zurückkommen sollen.

- Bei den meisten Programmen hast du auch die Möglichkeit, dich als Moderation zu den Gruppen zuzuschalten und zentral Nachrichten an die Gruppen zu schicken.

BARRIEREN FÜR AUSTAUSCH DURCHBRECHEN

Breakout-Räume können auch eine gute Möglichkeit sein, die Teilnehmenden dazu zu motivieren, ihre Kamera anzuschalten, da sie sich dort in einem geschützteren Rahmen befin-

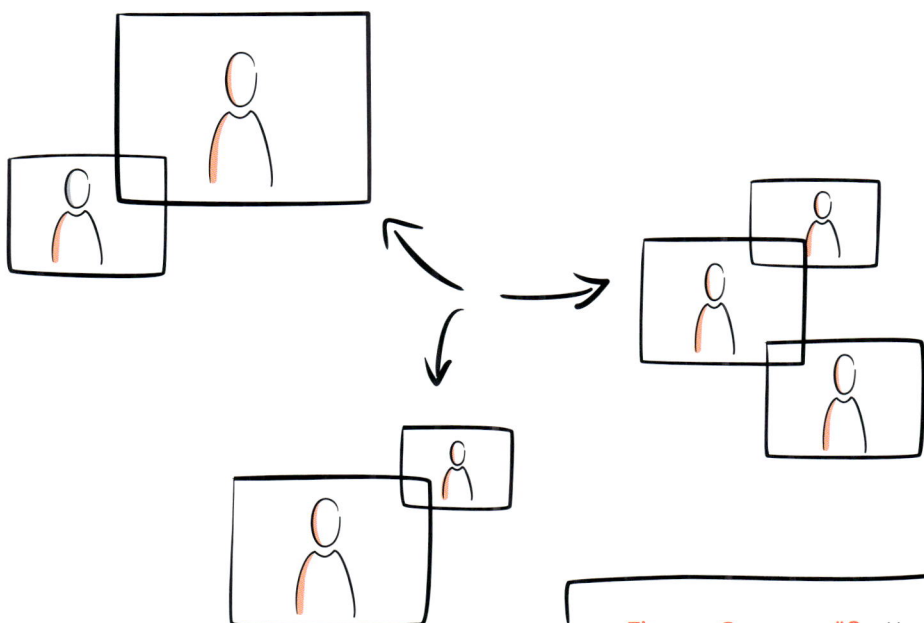

den. Es ist hilfreich, den Lernenden den groben Ablauf, die verfügbare Zeit und das Ziel der Breakout-Session aufzuzeigen. Außerdem ist es hilfreich, den Lernenden Zuversicht und Motivation zuzusprechen.

Beispiel: „In den nächsten 30 Minuten könnt ihr mit der Vorlage die Übung zu viert erfolgreich durchführen. Bevor ihr in die Gruppenarbeit aktiv startet, sprecht einmal für euch den Ablauf durch. Es kann hilfreich sein, dass sich jede*r die Aufgabe erst einmal alleine durchliest, bevor ihr gemeinsam darüber sprecht."

Tipp zur Gruppengröße: Unsere Erfahrung zeigt, dass drei bis fünf Lernende die optimale Gruppengröße für Breakout-Sessions sind. So ist die Gruppe groß genug, um Notfalls technische Probleme eines Gruppenmitglieds zu kompensieren, aber klein genug, damit sich jeder aktiv am Gruppengespräch beteiligen kann. In erprobten Settings, in denen die Technik funktioniert, sind Tandems, also Zweierteams, für Reflexionsfragen auch sehr sinnvoll. Generell würden wir empfehlen, bei inhaltlicher Arbeit 3-5 Personen und zur Reflexion 2-3 Personen in eine Breakout-Gruppe zu schicken oder in Präsenz in eine Kleingruppe oder Murmelgruppe.

TEIL 2 – GRUNDLAGEN UND TOOLS FÜR DIGITALEN UNTERRICHT

KAPITEL 5

DIGITALE TOOLS
— EIN ÜBERBLICK

TOOLS ALS WERKZEUGE FÜR METHODEN

Software, Apps, Programme – um das Lernen und das inhaltliche Arbeiten zu unterstützen, gibt es zahlreiche digitale Hilfsmittel auf dem Markt. Als Überbegriff hat sich hierfür der Begriff „digitale Tools", also „digitale Werkzeuge", etabliert. Diese sind nicht nur praktisch, sondern tatsächlich eine unverzichtbare Grundlage für erfolgreiches digitales Lernen. Schauen wir z.B. auf das Videokonferenz-Tool, über das der Online-Unterricht abläuft. Auch ohne weitere digitale Tools lässt sich eine Online-Session (je nach Zielsetzung) gut umsetzen, wenn es beispielsweise vor allem um mündlichen Austausch und Diskussion geht. In vielen Fällen jedoch sind weitere digitale Tools eine hilfreiche Unterstützung, um Unterrichtsinhalte und Methoden interaktiver zu gestalten, Arbeitsprozesse zu strukturieren und Ergebnisse festzuhalten.

In diesem Buch stehen jedoch nicht die digitalen Tools im Vordergrund, sondern Methoden jeglicher Art. Für manche dieser Methoden braucht es keine weiteren digitalen Hilfsmittel, in anderen Fällen braucht es Stift und Papier und in wieder anderen eben doch ein Tool. Doch es gibt so viele verschiedene Tools mit Vor- und Nachteilen, manche sind in einigen Bundesländern oder Schulen aus datenschutzrechtlichen oder anderen Gründen verboten, in anderen aber erlaubt. Es gibt nicht das eine, ultimative Tool, mit dem sich eine Methode umsetzen lässt. Es gibt immer verschiedene Alternativen. Dennoch haben Tools unterschiedliche Funktionsweisen, die sich für bestimmte Methoden mehr oder weniger eignen. Wir wollen deshalb hier eine kurze Kategorisierung von digitalen

Tools vornehmen, die für die Gestaltung von digitalem (Online-)Unterricht von Bedeutung sind. Dort, wo eine Methode durch digitale Tools unterstützt werden muss oder sollte, weisen wir im Verlauf dieses Buchs darauf hin. Mit welchem Tool du das dann tatsächlich umsetzt, hängt davon ab, womit du

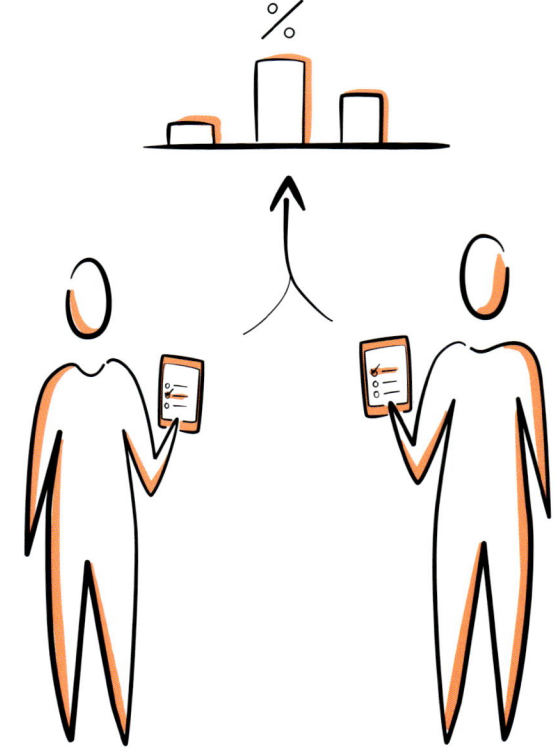

ARTEN VON TOOLS

bereits gearbeitet hast (oder worin du dich neu einarbeiten möchtest), was deine Schüler*innen bereits kennen und womit sie gut arbeiten können und natürlich von den Richtlinien deiner Schule. Wir werden hier immer auch ein paar konkrete Beispiele nennen – wenn du also das Gefühl hast, du möchtest noch neue Tools in dein Repertoire aufnehmen, lass dich gerne inspirieren. In vielen Fällen gibt es zahlreiche YouTubeTutorials für die jeweiligen Tools, die dir dabei helfen, mit ihnen zu arbeiten.

1. VIDEOKONFERENZ-TOOLS

Online Unterricht funktioniert nur mithilfe von Videokonferenz-Tools. Schulen nutzen hierfür in der Regel einheitlich ein bestimmtes Tool für den Online-Unterricht, das häufig auch integriert ist in eine zentrale Lernplattform. Hier ein paar Beispiele, mit welchen Tools Online-Unterricht gut funktioniert: Big Blue Button, Microsoft Teams, Zoom, Webex.

2. AB- UND UMFRAGE-TOOLS

Gerade mit der ganzen Klasse, in der nicht immer jede*r zu Wort kommen kann, können Ab- und Umfrage-Tools hilfreich sein, um allen Lernenden eine Stimme zu geben und sie zu aktivieren. Das kann in Form von einem Quiz, einer Erwartungsabfrage oder auch einem Brainstorming für Inhalte oder Fragen erfolgen. Tools, mit denen du so etwas umsetzen kannst, sind zum Beispiel: Mentimeter, Kahoot, Oncoo, Tweedback, Answergarden.

Digitales Chaos verhindern! Die wichtigsten Prinzipien, wenn du mit digitalen Tools arbeitest:

- **Klarheit** – Nutze wenige Tools und klare Aufgabenstellungen

- **Leichtigkeit** – Nutze ein Tool mehrfach, sodass ein vertrauter Umgang entsteht und die Nutzer*innen geübt in der Anwendung werden

- **Angemessenheit** – Prüfe, ob ein Tool wirklich geeignet ist, die Ziele deiner Methode zu unterstützen

- **Resultat** – Verwende die Ergebnisse auch im weiteren Verlauf deines Unterrichts und kläre spätere Zugriffsmöglichkeiten

ARTEN VON TOOLS

3. BOARD-TOOLS

Von Board-Tools reden wir, wenn es eine digitale Oberfläche gibt, auf der relativ frei gearbeitet werden kann – etwa wie auf einem Whiteboard oder an einer Metaplanwand. Dort kann per Hand geschrieben, digitale „Klebezettel" angeheftet oder Bilder hochgeladen werden. Hier gibt es jedoch viele Abstufungen darin, wie frei und individualisiert sich Inhalte auf dem Board platzieren lassen. Wir unterscheiden deshalb in diesem Buch zwischen „eingeschränkten" und „freien" Board-Tools.

EINGESCHRÄNKTE BOARD-TOOLS

Eingeschränkte Board-Tools haben jeweils auf ihre Art stärkere Einschränkungen in der möglichen Anordnung und Art von Beiträgen, in der visuellen Gestaltung und dem Grad der Individualisierbarkeit. Sie sind dadurch meist auch einfacher in der Bedienung, da es weniger Möglichkeiten gibt. Eingeschränkte Board-Tools eignen sich unter anderem für Brainstormings, zum Clustern und Sortieren von Inhalten und teilweise auch für multimediale Darstellungen und Sammlungen von Material. Beispiele hierfür sind: Padlet, Flinga, Oncoo, Classroomscreen, Jamboard, AWW App oder Whiteboardfox.

FREIE BOARD-TOOLS

Freie Board-Tools weisen deutlich mehr Gestaltungsmöglichkeiten auf als eingeschränkte Boards. Hier ist fast alles möglich: Du kannst Beiträge beliebig anordnen und hast die Mög-

lichkeit, viele visuelle Effekte und Variationen sowie multimediale Inhalte einzubinden. Außerdem kannst du sehr stark in das Board hinein und wieder hinaus zoomen, sodass du auf einem digitalen Board die Inhalte von z.B. 50 Metaplanwänden unterbringen und individuell strukturieren kannst. Beispiele für solche freien Board-Tools sind: Miro, Mural, Nexboard oder Conceptboard.

KOLLABORATION IN DOKUMENTEN & PRÄSENTATIONEN

Schüler*innen arbeiten immer wieder gemeinsam an Inhalten und Präsentationen. Während Board-Tools zahlreiche Möglichkeiten bieten, multimediale Inhalte, Brainstormings und die visuelle Strukturierung von Inhalten abzubilden, gibt es auch Tools, in denen man gleichzeitig an Textdokumenten oder auch Präsentationen arbeiten kann. Für die Arbeit an Texten eignen sich Etherpads, wie beispielsweise Cryptpad oder Yopad. Für die Kollaboration, sowohl an Texten als auch an Präsentationen, eignen sich Google Docs bzw. Google Präsentationen oder, wenn in der Schule vorhanden, auch Microsoft Teams.

LERNPLATTFORMEN, LERNAPPS UND SCHULCLOUDS

Für die digitale Organisation und Kommunikation einer Schule werden diverse Lernplattformen genutzt, die in vielen Fällen auch einige der hier vorgestellten Funktionen beinhalten. Darin integriert sind auch Clouds, die als Dateiablage für diverse Inhalte dienen. Darüber hinaus gibt es Lernprogramme und Lernapps, die (fachspezifische) Inhalte vermitteln, Aufgaben bereitstellen und Lernerfolge verfolgen und aufzeichnen. Auch diese sind gute Helfer für den digitalen Unterricht, werden jedoch im Rahmen dieses Buches nicht weiter behandelt.

TEIL 2 – GRUNDLAGEN UND TOOLS FÜR DIGITALEN UNTERRICHT

KAPITEL 6

BOARD-TOOLS FÜR DIE INHALTLICHE ARBEIT NUTZEN

WOFÜR NUTZE ICH EIN BOARD-TOOL?

Die Arbeit mit Board-Tools bietet enorm viele Möglichkeiten. Sie ermöglicht sehr freies und kollaboratives Arbeiten von Gruppen, das gegenüber der Arbeit an Metaplanwänden in Präsenz sogar einige Vorteile hat. Board-Tools bereichern deshalb sowohl Lernsettings im Distanzunterricht als auch den Hybrid- und Präsenzunterricht. Wenn wir in diesem Kapitel von Board-Tools reden, beziehen wir uns auf freie Board-Tools (siehe vorangegangenes Kapitel).

WIE KANN ICH MIR EIN BOARD-TOOL VORSTELLEN?

Board-Tools sind zu vergleichen mit einer digitalen Pinnwand, die jedoch meist um ein vielfaches größer ist und es deshalb ermöglicht, enorm viele Inhalte an einem Ort in eine Übersicht zu bringen. Da sich diese Pinnwand im digitalen Raum befindet, können hier jedoch nicht nur beschriftete Karten, sondern auch vielfältige multimediale Inhalte, wie z.B. Fotos, Videos oder weiterführende Links, verankert werden. Du kannst außerdem direkt auf dem Board tippen, frei Hand darauf zeichnen oder in Form von Klebezetteln Inhalte schriftlich festhalten, hervorheben und in eine Struktur bringen. Wenn du noch nie ein solches Board-Tool genutzt hast, empfehlen wir, dir einmal ein entsprechendes YouTube-Video anzuschauen, um eine Vorstellung davon zu bekommen (beispielsweise von Miro, Mural oder Conceptboard).

IN WELCHEN KONTEXTEN MACHEN BOARD-TOOLS SINN?

Board-Tools können für diverse Anlässe genutzt werden – zum Brainstorming, zum Erstellen von Mindmaps, für die Sortierung und Strukturierung von Ideen und Inhalten, für visuelle Ergebnispräsentationen und Übersichten oder sogar zum Schreiben von Texten.

FÜR DIE ZUSAMMENARBEIT

Das Praktische an Board-Tools ist: Viele Menschen können gleichzeitig auf ein und demselben Board arbeiten, jedoch an unterschiedlichen Stellen. So können z.B. bei Gruppenarbeiten mehrere Gruppen gleichzeitig und für alle sichtbar an Aufgaben arbeiten und ihren Arbeitsprozess sowie auch die Arbeitsergebnisse auf dem Board festhalten. Sowohl du als Lehrkraft als auch andere Gruppen haben während und auch nach der Gruppenarbeit die Möglichkeit, Inhalte der gesamten Lenrgruppe einzusehen, zu kommentieren oder zu ergänzen, ohne zwischen verschiedenen Dokumenten hin- und herwechseln zu müssen oder darauf zu warten, dass ihnen Inhalte zugeschickt werden. Die Lernenden können parallel dazu (entweder per Video oder in Präsenz) in mündlichem Austausch stehen oder einzeln und auch zeitversetzt an dem Board arbeiten.

FÜR DIE VISUALISIERUNG UND VERKNÜPFUNG VON INHALTEN

Neben den Vorteilen der Zusammenarbeit bieten Board-Tools aber auch die Möglichkeit der Visualisierung und Verknüpfung von (multimedialen) Inhalten. So können Zusammenhänge zwischen eigenen Texten, Bildern, Videos und Blogartikeln sichtbar gemacht werden – sowohl um Lerninhalte, Prozesse und Ergebnisse für den individuellen Lernpfad festzuhalten, aber auch, um Inhalte und Lernpfade für außenstehende transparent und nachvollziehbar zu machen. Diese Art der Verknüpfung von digitalen Inhalten wäre in Präsenz nicht abbildbar – Board Tools bieten also ganz neue Möglichkeiten des digitalen Lernens.

FÜR LERNSETTINGS IN PRÄSENZ, ONLINE UND HYBRID

Board-Tools eignen sich nicht nur für das rein digitale Arbeiten, sondern sind auch im Präsenz- oder Hybridunterricht hervorragend einsetzbar. Wichtig dafür ist, dass jede*r ein eigenes Endgerät hat (Laptop oder Tablet, Smartphones eignen sich aufgrund des kleinen Displays nicht so gut). Im Hybridunterricht können mithilfe von Board-Tools Lernende vor Ort mit Lernenden remote zusammenarbeiten, so kann eine effektive und aktive Zusammenarbeit in Gruppen oder im gesamten Klassenverband möglich gemacht werden.

AUCH IN PRÄSENZ HABEN BOARD-TOOLS EINIGE VORTEILE:

- Für eine dauerhafte und dynamische Ergebnissicherung (während Inhalte auf einer analogen Pinnwand lediglich abfotografiert werden können, bleibt ein Board-Tool beliebig lange bestehen und kann jeder Zeit abgerufen, verändert und ergänzt werden).

- Für eine kontinuierliche Arbeit über längere Zeiträume hinweg und von verschiedenen Orten aus (z.B. in Projekten über mehrere Unterrichtseinheiten hinweg, die auch von zuhause weiter bearbeitet werden).

- Für die Zusammenarbeit gemäß Abstandsregeln oder mit großen Gruppen in zu kleinen Räumen.

ANWENDUNGSBEISPIEL UND TIPPS

WAS SOLLTE ICH BEI DER VORBEREITUNG UND NUTZUNG VON BOARD-TOOLS BEACHTEN?

Wenn du mit einem Board-Tool arbeitest, kann es hilfreich sein, das Board vorzustrukturieren – das heißt mit sogenannten „Frames", also Rahmen, Themen-, Arbeits- und Aufgabenbereiche zu markieren, in denen die Lernenden in bestimmten Phasen arbeiten. Dort kannst du dann auch bereits schriftlich Aufgabenstellungen hinterlegen oder bestimmte Inhalte verlinken (Videos, Links zu Artikeln etc.), mit denen sich die Lernenden auseinandersetzen sollen.

Wenn du und deine Klasse einmal mit der Arbeit mit einem freien Board-Tool vertraut seid, lässt sich dieses für sehr viele Lerngelegenheiten einsetzen – und du brauchst kaum noch weitere digitale Tools. In diesem Buch findest du immer wieder Methoden, die mit einem Board-Tool funktionieren. Für einige Methoden haben wir Vorlagen für dich vorbereitet, die dir eine schöne und strukturierte visuelle Gestaltung erleichtern. Es gibt auf den Webseiten der Board-Tool-Anbieter viele weitere tolle Vorlagen und Beispiele, die deine Arbeit inspirieren können.

ANWENDUNGSBEISPIEL: GRUPPENARBEIT

Du möchtest in deiner Klasse eine Gruppenarbeit zum aktuellen Unterrichtsthema anleiten, in der die Lernenden sich Inhalte zu einem bestimmten Thema aneignen sollen, diese diskutieren und die wichtigsten Ergebnisse anschließend prä-sentieren sollen. Jede Gruppe bearbeitet dabei einen anderen Aspekt des Themas. So kannst du dein Vorhaben in einer Videokonferenz und mit einem Board-Tool umsetzen:

- Du bereitest in dem Board fünf Bereiche vor, in denen du jeweils die Aufgabenstellung auf einen Notizzettel schreibst sowie zwei Links zu einem Video oder einem Text hinterlegst. Jeden dieser Bereiche kennzeichnest du mit einer Gruppennummer (z.B. 1-5).

- Die Lernenden werden in Breakout-Räume auf die fünf Gruppen aufgeteilt (damit jede*r weiß, in welcher Gruppe er oder sie arbeitet, können zu den Gruppennummern beispielsweise auch die Namen der Gruppenmitglieder geschrieben werden).

- In der ersten Phase haben die Lernenden die Aufgabe, sich die Inhalte selbstständig anzuschauen. Diese erreichen sie über ihren Bereich auf dem Board mit den entsprechenden Links.

- In der zweiten Phase sollen die Schüler*innen in ihren Breakout-Gruppen über die Inhalte diskutieren und die wichtigsten Aspekte auf Notizzetteln auf dem Board festhalten. Sie haben die Möglichkeit, diese Notizzettel immer wieder umzusortieren und zu ergänzen.

- In der dritten Phase sollen die wichtigsten Erkenntnisse der Klasse vorgestellt werden: Die Lernenden kommen wieder alle zusammen (im Hauptraum der Videokonferenz). Neben einer mündlichen Präsentation können sich alle Lernenden auf den Bereich des Boards bewegen, auf dem die jeweilige Gruppe gearbeitet hat und parallel zur mündlichen Präsentation sehen, was diese dort erarbeitet hat (in Präsenz würde man hier z.B. von Tisch zu Tisch gehen und Flipchart-Plakate betrachten). Darüber hinaus haben alle Lernenden die Möglichkeit, mit weiteren Notizzetteln Kommentare oder Ergänzungen hinzuzufügen und so gemeinsam die Arbeitsergebnisse weiterzuentwickeln.

- Eine Variation der Ergebnispräsentation mit einem kleineren Zeitfenster könnte sich auf das Einsehen des Boards und schriftliches Feedback beschränken. Das könnte dann im Anschluss an die Online-Session selbstständig gegeben werden.

TEIL 3 — METHODEN FÜR DEN DIGITALEN UNTERRICHT

METHODEN FÜR DEN DIGITALEN UNTERRICHT

TEIL 3 — METHODEN

CHECK-IN — METHODEN ZUM EINSTIEG

EINFÜHRUNG

EIN GUTER START ALS GRUNDSTEIN FÜR DEINEN LERNRAUM

Bereit loszulegen? Mit dem Check-In startest du deinen Lernraum. Egal ob in Präsenz, hybrid oder digital, dieser Teil deiner Unterrichtsstunde oder deines Workshops wird entscheiden, mit welcher Dynamik, Atmosphäre und auch Beteiligung der Rest der Session ablaufen wird. Wir empfehlen dir, mutig zu sein und dich einfach an verschiedenen Methoden auszuprobieren.

Wir haben die Erfahrung gemacht, dass einige Jugendgruppen und Klassen für sich mit der Zeit eine Routine entwickeln, wie sie gemeinsam starten. Falls du mit deinen Schüler*innen auch solche Routinen entwickelst, achte dennoch auf Abwechslung und Experimente, denn auch Routinen dürfen und müssen sich weiterentwickeln in gleichem Maße, wie sich auch die Bedürfnisse der Lerngruppe verändern.

Als wichtigsten Tipp möchten wir dir mitgeben, den Einstieg so interaktiv und auch eigenverantwortlich wie möglich zu gestalten. Damit wird direkt die Konsument*innenhaltung durchbrochen und es wird klar: Hier darf und muss ich beitragen und bin mitverantwortlich, dass ich lerne. Dabei reichen schon simple kleine Methoden, wie wir sie im folgenden Kapitel skizziert haben. Wir wünschen dir viel Spaß beim Ausprobieren.

FUNKTIONEN DES CHECK-INS

- Fokussierter Start
- Sicherheit durch Raum & Personen wahrnehmen
- Eigene Stimme im Raum hören
- Erzeugen von Stimmungen (auflockern, Spannung aufbauen)
- Inhaltlichen Rahmen setzen
- Kollektivierung von Informationen
- Reflexion ermöglichen für selbstorganisiertes Lernen

Das sprechende Buch
bewirken.org/a8

INHALT

LAGERFEUER

GEMEINSAMES „WÄRMEN" AM LAGERFEUER ZUM START

Was in einigen Klassen schon als Morgenkreis praktiziert wird, bietet sich auch zu Beginn jeder Lerneinheit an und lässt sich gut im digitalen und hybriden Lernraum umsetzen. Wir haben zu Beginn des Buches in die Macht und Bedeutung eines guten Check-Ins eingeführt. Viele Methoden sind dazu möglich, das Lagerfeuer schafft den „urzeitigsten" und sichtbarsten aller gemeinsamen Startpunkte. In Präsenz kommen wir in einem Stuhlkreis zusammen, können uns alle gegenseitig sehen, spüren Gemeinschaft und hören uns alle einmal im Raum, bevor wir gemeinsam arbeiten oder lernen. Im digitalen oder hybriden Raum lässt sich dieses gemeinsame „Lagerfeuer" auch im übertragenen Sinne durch eine kurze Check-In-Runde umsetzen. Falls mit Board-Tools gearbeitet wird, lässt sich auch Gemeinschaft darstellen, indem sich alle um ein virtuelles Lagerfeuer versammeln, eine räumliche Zugehörigkeit spüren und eine Reihenfolge für die Check-In-Runde sichtbar wird. Wir sind überzeugt, dass dieser gemeinsame Start auf Dauer eine bedeutsame Auswirkung auf das Miteinander hat und uns fokussiert in eine Lernsession führt.

ZIELE DER METHODE

- Ursprüngliche Bedeutung von Gemeinschaft spüren und sichtbar machen
- Verständnis für Stimmungen & Themen der Mitschüler*innen bekommen
- Gemeinsamer fokussierter Start in eine Lernsequenz
- Wichtige (soziale) Themen haben einen Raum

WAS BRAUCHE ICH DAZU?

Für eine Lagerfeuer-Runde braucht es in Präsenz einen Stuhl- oder Stehkreis, im digitalen Raum ist ein Videokonferenz-Tool nötig, damit sich alle sehen oder zumindest hören können. Falls ein Board-Tool genutzt werden kann, empfehlen wir, dort

PRAXIS-TIPP FÜR DEINE MODERATION

In Gruppen, die ähnliche Routinen kennen, wirst du keine großen Probleme haben, diese Methode auszuprobieren. In vielen Fällen sind die Lernenden diese Form aber nicht gewöhnt, es braucht daher etwas, bis sich alle an diesen Austausch gewöhnt haben. Achte darauf, dass ein geschützter Raum besteht. Sorge durch deine Moderation dafür, dass kein Raum der Beschämung entsteht.

Björn Adam
Gründer beWirken

EINFACH　　**5-30**　　**5-30 MIN**　　**VORLAGEN**

ein digitales Lagerfeuer mit virtuellen Avataren zu erstellen. Unsere Vorlage kann hier helfen oder ihr findet eine eigene Art und gestaltet euch ein eigenes Lagerfeuer.

ABLAUF DER METHODE

- In einer (digitalen) Runde zusammenkommen, beim ersten Mal den Zweck der Runde und Ablauf kurz erklären.

- Eine Einstiegsfrage formulieren und beim ersten Mal am besten selbst mit einem Beispiel anfangen.

- Gute Einstiegsfragen können sein: „Wie geht es euch heute? Was habt ihr heute schon gemacht/gelernt? Was ist euch heute wichtig? Was beschäftigt euch gerade?"

- Lieber wenige Fragen und kurze Antworten. Bei einer kurzen Check-In-Runde reichen schon zwei Sätze. Bei längeren Sequenzen lasst euch mehr Zeit.

MÖGLICHE VARIATIONEN

Eine wichtige Variation dieser Methode ist die Bildung von Untergruppen zum Einstieg. Da Gruppen ab ungefähr 15 Personen eine Größe erreichen, in der es viel Zeit braucht, damit jede*r in der großen Runde etwas sagen kann, empfiehlt es sich, das gemeinsame Lagerfeuer nur als Startpunkt zu nutzen und den Austausch zur Einstiegsfrage in kleinen Lerngruppen/Murmelgruppen zu gestalten. Gruppen von 3-5 Personen haben sich für uns bewährt.

Avatar – Ein Avatar ist ein*e grafische*r Stellvertreter*in für eine echte Person, dies können auch echte Bilder der Schüler*innen sein oder eigene gewählte Symbole, Zeichnungen oder künstlich erstelle Personen.

Das sprechende Buch
bewirken.org/a9

CHECK-IN — METHODEN ZUM EINSTIEG
WISSENSRUCKSACK

VORBEREITET UND GUT BEPACKT AUF DIE LERNREISE GEHEN

Der Weg zu einem neuen Lernziel kann manchmal lang und überwältigend erscheinen. Deswegen hilft es, sich vorher schon einmal bewusst zu machen, was man bereits über das Thema gehört oder an anderer Stelle gelernt hat. Um zusätzlich einen persönlichen Bezug herzustellen, kann es hilfreich sein, sich zu fragen, wo man mit dem Thema schon mal in Berührung gekommen ist und in welchen Situationen dieses für einen relevant ist. Die Frage nach fehlenden Materialien im Rucksack unterstützt außerdem dabei, individuelle Lernziele zu identifizieren.

ZIELE DER METHODE

- Einstieg in ein neues Thema erleichtern
- Reflexion des eigenen Wissensschatzes
- Stärken und Kenntnisse der Teilnehmenden aufzeigen
- Austausch über bereits bestehende Kenntnisse
- Lernziele sammeln

WAS BRAUCHE ICH DAZU?

Bereite eine Vorlage mit drei Spalten und darin stehenden Fragen vor. Wenn du möchtest, dass die Lernenden nur für sich reflektieren, reicht es, wenn du die Vorlage als Dokument zum Download zur Verfügung stellst (beispielsweise über die Schulplattform) oder die Schüler*innen diese analog abschreiben. Wenn du möchtest, dass alle die Ergebnisse einsehen können, kannst du ein freies Board-Tool nutzen, in dem du eine Vorlage vorbereitest. Die Vorlage kann nun jede*r Lernende für sich auf dem Board kopieren und bearbeiten. Gerne kannst du unsere Download-Vorlage nutzen.

HILFREICHE FRAGEN FÜR DIE ERSTE SPALTE

- Womit ist mein Rucksack bereits gefüllt?
- Woher habe ich die Materialien in meinem Rucksack?
- Was weiß ich bereits über das Thema/Lernziel?

HILFREICHE FRAGEN FÜR DIE ZWEITE SPALTE

- Wo brauche ich meinen Wissensrucksack?
- In welchen Situationen hilft mir mein Wissensrucksack?

 EINFACH   **GRUPPEN**   **15-20 MIN**   **VORLAGEN**

HILFREICHE FRAGEN FÜR DIE DRITTE SPALTE

- Womit möchte ich meinen Rucksack noch füllen?
- Was fehlt mir noch, damit ich zum Ziel kommen kann?

ABLAUF DER METHODE

- Du stellst den Titel des neuen Themas kurz vor und erläuterst das Ziel der Methode. Danach werden die Leitfragen der verschiedenen Spalten vorgestellt und die Teilnehmenden bekommen 10 Minuten Zeit zu reflektieren, um in Stillarbeit Antworten zu sammeln.

- Je nach Gruppengröße bietet es sich im zweiten Schritt an, nochmal einen Austausch in Zweier- oder Dreier-gruppen zu ermöglichen.

- Zum Abschluss, und um in die nächste Phase überzuleiten, kannst du ein Blitzlicht machen (die Lernenden geben einen kurzen Einblick in ihre Ergebnisse). Diejenigen, die etwas teilen möchten, können dies in der gesamten Lerngruppe tun. Wenn es sich anbietet, kannst du direkt darauf eingehen, um Sicherheit zu geben, Sorgen zu nehmen oder einen Ausblick zu geben. Wenn auf einem Board-Tool gearbeitet wurde, kannst du auch direkt Punkte aufgreifen, die du während der Still- und Gruppenarbeit bereits angeschaut hast.

TIPPS FÜR DIE MODERATION

Online bietet es sich an, während der Stillarbeit den Bildschirm zu verlassen, sodass sich die Lernenden einen individuellen Ort suchen können, an dem sie ihren Wissensrucksack erstellen. In Präsenz kannst du während der Stillarbeit im Hintergrund leise Musik laufen zu lassen, um eine entspannte Arbeitsatmosphäre zu schaffen.

CHECK-IN – METHODEN ZUM EINSTIEG
SUPERPOWER

EMPOWERT UND STÄRKENORIENTIERT STARTEN

Im schüler*innenorientierten Unterricht hat Lernen die Funktion, vorhandene Stärken zu erkennen, zu bestärken und zu verfeinern. Dafür müssen zunächst individuelle Fähigkeiten als Lernfelder identifiziert werden. „Superpower" bietet sich hierfür als vielfältige Methode an, die sich aufgrund ihrer möglichen Variationen für jede Altersgruppe eignet und eine positive Gruppenatmosphäre sowie den ein oder anderen Lacher garantiert.

ZIELE DER METHODE

- Selbstbewusstsein aufbauen
- Beziehung zu und unter den Schüler*innen stärken
- Stärkenorientiertes Kennenlernen & Aktivieren

ABLAUF DER METHODE

- Ziel der Übung ist die (metaphorische) Darstellung der eigenen Superpower mithilfe von Gegenständen aus dem Haushalt.
- Die Schüler*innen erhalten drei Minuten Zeit, um sich ihre größte Stärke bewusst zu machen.
- Anschließend haben die Schüler*innen drei Minuten Zeit, um durch die Wohnung zu laufen und einen passenden Gegenstand zu ihrer jeweiligen Superpower zu suchen (z.B. Stärke Backen: Blech & Schneebesen; Stärke Reflektiertheit: Basteln einer „Reflexionsbrille"; Stärke Vertraulichkeit: Fahrradschloss).
- Zurück im Plenum werden reihum die Gegenstände vor der Kamera präsentiert und deren Bedeutung erläutert.
- Achtung: Je nach Altersgruppe kann die Stärke metaphorisch oder im eigentlichen Sinne symbolisiert werden.

WAS BRAUCHE ICH DAZU?

Haushaltsgegenstände und andere Dinge, die zuhause oder am Lernort verfügbar sind. Eine Kamera ist zum Kollektivieren in der Gruppe von Vorteil.

MITTEL

AB 2

AB 5 MIN

TIPPS FÜR DIE MODERATION

Bei großen Gruppen empfiehlt es sich, die Schüler*innen für die Präsentation ihrer Superpower in Kleingruppen aufzuteilen. Dadurch kommt jede Person zu Wort und die Vorstellungsrunde dauert trotzdem nicht zu lange. Wenn manche Schüler*innen keine Videokamera zur Verfügung haben, können sie ihren Gegenstand beschreiben oder ein Foto davon hochladen.

MÖGLICHE VARIATIONEN

- Für Jüngere: Vorstellung eines Hobbies anhand eines Gegenstandes (z.B. Instrument, Fußball)

- Für zwischendurch: Vorstellung eines Gegenstandes, der einen in den letzten Wochen positiv begleitet hat (z.B. Jogginghose, Kaffeetasse)

- Für Tiefgründige: Vorstellung anhand von drei Dingen, die einen morgens motivieren aufzustehen

Diese Methode lässt sich auch in Präsenz umsetzen. Da hier der private Kontext nicht als Anker dienen kann, ist es zu empfehlen, die Superpower durch eine kreative Arbeit oder Visualisierung entwickeln zu lassen. Dafür wird aber deutlich mehr Zeit benötigt und die Barriere, Persönliches zu teilen, wird dadurch größer.

BLICK IN DIE KAMERA

MIT EINEM MOMENT DER ACHTSAMKEIT DIE VERBINDUNG ZUR GRUPPE STÄRKEN

In Videoräumen bekommt das soziale Miteinander einen anderen Charakter. Es braucht deshalb eine aktive Gestaltung und Anmoderation solcher Situationen. Intuitive Momente der Begrüßung, des gegenseitigen Wahrnehmens und vor allem die Schwingung im Raum verlieren sich schnell in der Zweidimensionalität des Bildschirms. Doch manchmal braucht es gar nicht viele Worte, um auch im Online-Klassenraum eine persönliche Lernathmosphäre zu schaffen.

Der gemeinsame Blick in die Kamera dient als verbindender Start in die Online-Session, als Moment der Achtsamkeit und als Fokus auf die Menschen im digitalen Raum. In diesem Moment der Stille können die Teilnehmenden den Raum bewusst wahrnehmen und sich gegenseitig ein Lächeln schenken. Getreu dem Motto: Ein Lächeln sagt mehr als 1000 Worte!

ZIELE DER METHODE

- Gemeinsamer Start und Auflockerung
- Wahrnehmung der Gruppe
- Achtsamkeit & zur Ruhe kommen
- Kamera-Check

ABLAUF DER METHODE

- Du bittest die Teilnehmenden, ihre Kamera zu starten und so in die Kamera zu schauen, dass sie gut zu sehen sind.

- Je nach Videokonferenz-Tool: Weise darauf hin, dass sich eine Ansicht eignet, auf der möglichst viele Personen gleichzeitig zu sehen sind (häufig bezeichnet als „Galerieansicht").

- Du bittest die Lernenden, sich Zeit zu nehmen und jede Person für ein bis zwei Sekunden ganz bewusst anzuschauen und ein Lächeln zu schenken.

- Die Blicke wandern von Kamerabild zu Kamerabild.

- Die Phase wird nach 30 bis 60 Sekunden durch dich beendet.

EINFACH

AB 2

1–5 MIN

MÖGLICHE VARIATION

Ein Lächeln ist zwar schön, aber manchmal braucht es auch ein wenig Abwechslung. Das Lächeln kann gerne auch mal durch ein „Grimasse schneiden", Winken oder „High-Five" ersetzt werden.

PRAXIS-TIPP FÜR DEINE MODERATION

Lebe das vor, was du von deiner Gruppe erwartest. Am besten hast du deine Kamera bereits an und bittest dann die Gruppe das Gleiche zu tun. Anschließend leitest du die Gruppe durch die 30 Sekunden: „Schaut euch einmal um, wer heute alles hier ist" oder „Schenkt euch ein Lächeln" können Anregungen von dir sein. Nach den 30 Sekunden leitest du zum inhaltlichen Start deiner Online-Session über.

Marius Räbiger
Teach First Fellow & Trainer bei beWirken

Das sprechende Buch
bewirken.org/a10

TEAM-BINGO

WER MACHT ZUERST DIE REIHE VOLL?

Bingo – klingelt es bei dir auch in den Ohren, wenn du an das bekannte Spiel denkst? Für deinen Unterricht münzen wir das Lotteriespiel in eine Teamvariante um und bringen so Schwung und Spieltrieb in deinen Online-Unterricht.

ZIELE DER METHODE

- Spielerisches Kennenlernen
- Wiederholung von Inhalten
- Redeanlässe schaffen

WAS BRAUCHE ICH DAZU?

Nötig ist neben einem Videokonferenz-Tool nur eine Vorlage. Bereite also einen Bingo-Zettel für deine Klasse vor, auf dem verschiedene Aufgaben stehen (Beispiele siehe „Mögliche spannende Variationen"). Es bietet sich an, diesen auf der Lernplattform zur Verfügung zu stellen, damit alle Lernenden ein eigenes Exemplar zur Verfügung haben. Alternativ kannst du die Vorlage auch über einen Link mit deiner Klasse im Chat

teilen. Beim Dateiformat solltest du sicherstellen, dass auf dem Bingo-Zettel nach dem Herunterladen von den Teilnehmenden digitale Markierungen gesetzt werden können. Orientiere dich gerne an unserer Vorlage, auf die du über den Link zugreifen kannst. Alternativ einfach als PDF zum selbst Verwenden oder Drucken verteilen.

ABLAUF DER METHODE

- Bevor das Spiel losgeht, musst du sicherstellen, dass die ganze Klasse einen (digitalen) Zettel vor sich hat.

- Teile die Klasse in zufällig ausgewählte 2er-, 3er- oder 4-er Breakout-Räume auf. Dort können sich die Gruppen in einer von dir vorgegebenen Zeit austauschen und versuchen, eine der Bingo-Aufgaben zu erfüllen. Nach Ablauf der Zeit verteilst du die Schüler*innen erneut zufällig auf Breakout-Räume. Pro Runde darf maximal ein Kreuz gemacht werden.

- Wiederhole dies so lange, bis jemand „Bingo!" ruft oder in den Chat schreibt, eine festgesetzte Anzahl von Breakout-Runden erreicht wurde oder die Zeit abgelaufen ist. „Bingo" darf gerufen werden, wenn eine waagerechte, senkrechte oder diagonale Reihe auf dem Bingo-Zettel mit Kreuzchen gefüllt ist.

MITTEL

AB 6

AB 15 MIN

VORLAGEN

! TIPPS FÜR DIE MODERATION

Die Neueinteilung der Breakout-Räume muss relativ schnell zwischen den Bingo-Runden erfolgen. Greife hierfür auf die automatische Einteilfunktion deines Videokonferenz-Tools zurück. Um die Wartezeit für die Klasse zu überbrücken und dir gleichzeitig ein Bild zu verschaffen, wie das Spiel verläuft, kannst du in den Chat schreiben lassen, wie viele Kreuze jede*r bereits setzen konnte. In Präsenz nutzt du einfach wechselnde Kleingruppen.

💡 MÖGLICHE VARIATIONEN

- Vorwissensabfrage oder Wiederholung: Beziehe die Fragen des Bingos auf konkrete Inhalte der letzten Stunde oder aktiviere damit Vorwissen. Frage z.B.: „Finde eine Person, die folgende Gleichung lösen und dir das Vorgehen erklären kann" oder „Finde eine Person, die dir die vier Grundfreiheiten des europäischen Binnenmarkts erklären kann".

- Kennenlernen: Team-Bingo eignet sich hervorragend dafür, dass sich die Schüler*innen untereinander besser kennenlernen können. Von lustigen Aufgaben („Finde eine Person, die ihre Zunge rollen kann"), über Gemeinsamkeiten („Finde eine Person, die im selben Monat wie du geboren ist") bis hin zu Vorlieben in der Zusammenarbeit („Finde eine Person, die in Gruppenarbeiten am liebsten die Moderation übernimmt") ist alles denkbar.

- Asynchron: Bingo lässt sich nicht nur live während der Videokonferenz spielen, es kann auch in Form einer Hausaufgabe oder Challenge über einen längeren Zeitraum gespielt werden. Die Lernenden können sich über den privaten Chat auf einer Lernplattform austauschen.

- Profimodus: Manche Videokonferenz-Tools bieten die Möglichkeit, dass die Schüler*innen selbst zwischen Breakout-Räumen wechseln können. Damit sinkt der Aufwand, immer wieder neue Zufallsräume zu erzeugen. Es ist jedoch umso wichtiger, klare Regeln für den eigenverantwortlichen Wechsel festzulegen.

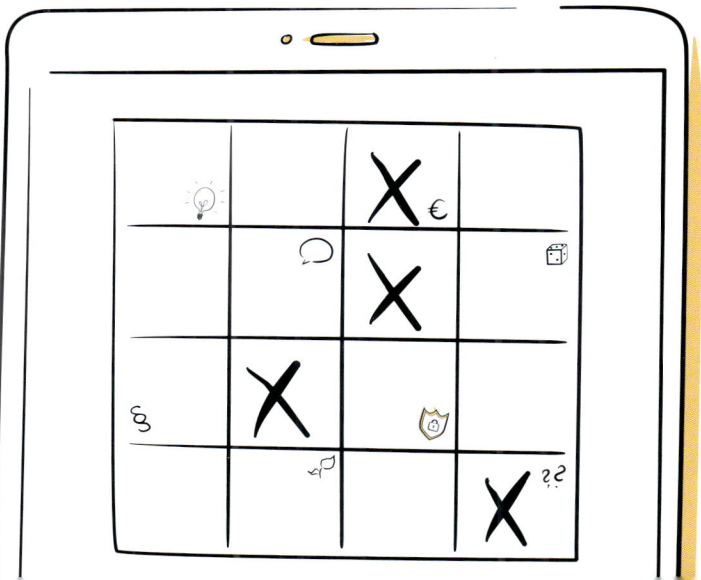

SMART-KISS-LERNZIELE

MIT DER RICHTIGEN FORMULIERUNG ZUM LERNERFOLG

„Erfolgreich zu sein, setzt zwei Dinge voraus: Klare Ziele und den brennenden Wunsch, sie zu erreichen." (Johann Wolfgang von Goethe)

Ziele in der Zukunft helfen uns, gegenwärtig gewünschtes Verhalten zu zeigen und fokussiert zu bleiben, wenn wir abgelenkt werden. Allerdings gilt es bei der Formulierung von Zielen einiges zu beachten, um erfolgreich zu sein. Wie wir Ziele klar und attraktiv formulieren können, sodass sie uns anspornen ohne uns zu überfordern, zeigt diese Methode.

ZIELE DER METHODE

- Ziele identifizieren und konkretisieren
- Maßnahmen für die Zielerreichung festlegen
- Verbindlichkeit schaffen
- Ablenkung und Schwierigkeiten vorbeugen

SCHWER   **AB 1**   **15-20 MIN**

WAS BRAUCHE ICH DAZU?

Zettel und Stift reichen, natürlich können auch Board-Tools oder andere Mittel genutzt werden. Die Lernenden sollten im Vorhinein bereits ein grobes Lernziel für sich definiert haben. Die Methode SMART-KISS dient nun dazu, ihr Ziel zu konkretisieren. Es bietet sich an, diese Methode für Lernziele zu verwenden, die über einen längeren Zeitraum hinweg verfolgt werden.

Das Akronym SMART-KISS steht für:

- spezifisch
- messbar
- akzeptiert, attraktiv, erreichbar, ambitioniert
- relevant, realistisch, vernünftig
- termingebunden
- Keep it simple & short (einfach & kurz)

Gerne kannst du den Lernenden unsere Download-Vorlage zur Verfügung stellen.

ABLAUF DER METHODE

- Nach Erläuterung des Akronyms SMART-KISS schauen sich die Lernenden ihr bisher grob formuliertes Lernziel

genauer an und überprüfen, ob dieses den Kriterien entspricht und verändern ihr Ziel gegebenenfalls.

- Ein Beispiel, welches gemäß der SMART-Formel formuliert ist, lautet: Um mehr über das Thema Kolonialismus zu lernen, möchte ich selber ein Erklärvideo bis Ende des Schuljahres drehen. Dafür lese ich zu Hause jede Woche einen Artikel und wiederhole die Unterrichtsinhalte der vorherigen Woche. In den ersten 6 Wochen möchte ich das Skript geschrieben und nach drei weiteren Wochen die ersten fünf Minuten des Videos gedreht haben.

- Die Ziele sollten ausformuliert und handschriftlich festgehalten werden.

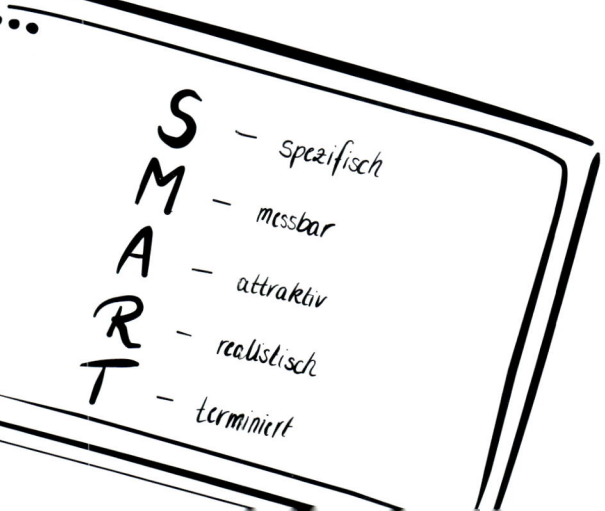

TIPPS FÜR DIE MODERATION

Das Festlegen von Zielen nach der SMART-Formel kann herausfordernd sein und viel Zeit in Anspruch nehmen. Das Nennen eines Beispiels und gezielte Unterstützung bei der Formulierung ist daher zu empfehlen. Am besten übst du dafür schon mal als Vorbereitung deine eigenen Ziele gemäß der Formel zu formulieren. Gleichzeitig gilt es, Ziele gemäß ihrer Sinnhaftigkeit, regelmäßig zu überprüfen und gegebenenfalls anzupassen.

MÖGLICHE VARIATION

Die Methode kann auch gut im Peer Learning eingesetzt werden, indem sich die Schüler*innen gegenseitig beim Formulieren und Erreichen ihrer Lernziele unterstützen. Dabei ist es wichtig zu beachten, genug Zeit für die Reflexion und das regelmäßige Bewusstmachen der Ziele zu schaffen. Diese Zeit ist mit Sicherheit nicht verschenkt, da sie den Lernenden die nötige Relevanz und Motivation vermitteln kann.

ZUFALLSDATE ZU ZWEIT

SOZIALE UND INHALTLICHE HEMMNISSE ABBAUEN

Das Zufallsdate zu zweit ist eine einfache Methode, die nicht viel Vorbereitung und keine zusätzliche Technik braucht. Sie kann vielfältig verwendet und variiert werden. Die Methode ist an das Lehr-/Lernformat „Speed Dating" angelehnt. Sie eröffnet einen Austauschraum ohne Leistungsdruck und kann somit dazu beitragen, Hemmnisse abzubauen. Gleichzeitig dient sie der Aktivierung der Teilnehmenden.

ZIELE DER METHODE

- Kennenlernen
- Inhaltlicher Einstieg: Austausch über Vorerfahrungen oder schon vorhandenes Wissen zum Thema
- Auswertung: Austausch zu den zentralen Erkenntnissen oder wichtigsten Punkten

EINFACH   **AB 6**   **5-15 MIN**

WAS BRAUCHE ICH DAZU?

- Kläre den Einsatzzweck (Kennenlernen, inhaltlicher Einstieg, Auswertung etc.).

- Formuliere den Arbeitsauftrag, beispielsweise: „Stellt euch einander kurz vor" oder „Tauscht euch darüber aus, was ihr mit dem Thema Freiheit verbindet" oder „Welche drei Erkenntnisse nehmt ihr aus der heutigen Stunde mit?".

ABLAUF DER METHODE

- Erkläre den Arbeitsauftrag und schicke ihn in den Chat.

- Lege ein Zeitlimit fest (in einigen Videokonferenz-Tools kannst du dieses voreinstellen, sodass die Teilnehmenden anschließend automatisch wieder in den Hauptraum gelangen). Beim Kennenlernen eignen sich hierfür etwa 5 Minuten, bei einem thematischen Austausch auch 10-15 Minuten, je nach Komplexität.

- Teile die Teilnehmenden zufällig in Zweiergruppen ein (bei einer ungeraden Zahl gibt es eine Dreiergruppe) und schicke sie in die Breakout-Räume.

- Die Teilnehmenden tauschen sich aus und kommen anschließend zurück in den Gruppenraum.

- Optional: Im Anschluss kannst du beispielsweise mit der Methode „Blitzlicht" kurze Impulse aus den Zweiergruppen im Plenum sammeln.

TIPPS FÜR DIE MODERATION

Wenn du die Möglichkeit hast, richte die Breakout-Räume vorher ein (Anzahl der Personen pro Raum festlegen, Zeitlimit einstellen). Bereite dir den Arbeitsauftrag fertig formuliert in einem separaten Dokument vor, dann musst du ihn nur noch kopieren und einfügen.

MÖGLICHE VARIATIONEN

Wenn du die Methode zum Kennenlernen nutzt, würfle die Teilnehmenden mehrfach neu zusammen, sodass sie sich mit mehreren Personen austauschen können. Außerdem kannst du auch die Gruppengröße variieren, mehr als vier Personen sind aber nicht empfehlenswert.

LERNGESCHICHTE

GESCHICHTEN SCHENKEN SINN UND MOTIVATION FÜRS LERNEN

Wer liebt es nicht, Geschichten zu lauschen? Eine gute Geschichte baut Spannung auf, fesselt die Zuhörenden, aktiviert zum Mitmachen und bleibt im Gedächtnis – genauso wie eine gelungene Unterrichtsstunde. Zusammengebracht mit der Lehr- und Lernstrategie des „Advance Organizers" wird daraus der erzählerische Leitfaden und eine Orientierungshilfe für die Unterrichtsstunde. Was im wirtschaftlichen Kontext als Meeting-Agenda für Orientierung sorgt und Teamtreffen Struktur verleiht, lässt sich als Lerngeschichte oder Lernlandkarte auch auf den Unterricht übertragen.

Gerade im Online-Unterricht ist es erforderlich, klar zu kommunizieren und Lernfortschritt und Struktur des Unterrichts transparent zu machen. Verknüpft mit dem Erzählen einer Geschichte bleibt der Lernweg besser in Erinnerung. Um die Selbstständigkeit der Schüler*innen zu trainieren, bietet es sich an, auch von ihnen selbst Lernlandkarten entwerfen zu lassen. Das kann etwa retrospektiv am Ende einer Unterrichtseinheit geschehen oder in Vorbereitung auf ein Referat.

ZIELE DER METHODE

- Lernziele & Stundeninhalte visualisieren
- Spannung aufbauen & Interesse wecken
- Struktur & Orientierung schaffen

WAS BRAUCHE ICH DAZU?

- In der Vorbereitung sammelst du alle Lernschritte und bringst sie in eine sinnvolle Reihenfolge, die die Struktur der Unterrichtseinheit widerspiegelt. Für jeden Lernschritt wird eine aussagekräftige Überschrift gewählt.

- Nun wird es Zeit, kreativ zu werden: Wie lässt sich die Lerngeschichte visualisieren? Beispielsweise mit einem Weg, der durch abwechslungsreiche Landschaft führt, einer Flugreise mit Start-, Flug- und Landebahn, einem Buffet, auf dem die unterschiedlichen Lernköstlichkeiten drapiert werden, einem Videospiel mit unterschiedlichen Leveln oder einem anderen kreativen Bild.

- Vorlagen für die Visualisierung kannst du auf unserer Materialseite online herunterladen.

- Um deine Lerngeschichte mit den Lernenden zu teilen, benötigst du eine Präsentations-Software oder ein Board-Tool.

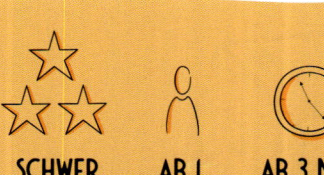

SCHWER **AB 1** **AB 3 MIN** **VORLAGEN**

Lernreise

1. Aufgabe

2. Aufgabe

3. Aufgabe

Ausblick

Themenblock

Lernziel

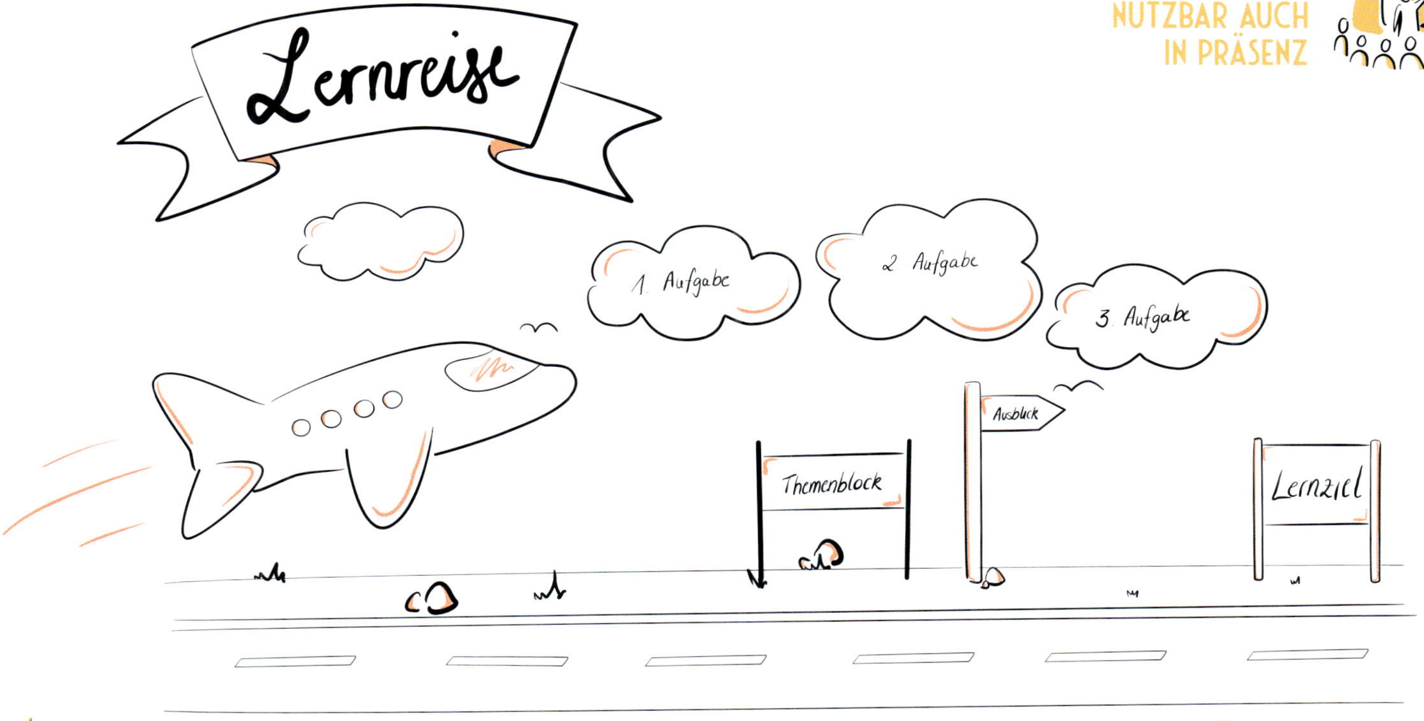

WEITER AUF DER NÄCHSTEN SEITE …

Video: #TeachingTuesday des Zentrums für Lehrer*innenbildung der Universität Köln: Lernen visualisieren – Nutzung von grafischen Lernlandkarten.
https://www.youtube.com/watch?v=QgMRbOmeJNY

Buch: Wildt, Michael: Lernlandkarten als Arbeitsmittel zur Selbststeuerung beim Lernen im Mathematikunterricht in individuellen und kooperativen Arbeitsformen (2011).

ABLAUF DER METHODE

- Im Unterricht selbst wird die Lerngeschichte am Anfang der Unterrichtseinheit präsentiert. Sie kann am Ende der Unterrichtsstunde wieder aufgegriffen werden, um den erreichten Fortschritt zu verdeutlichen. Sie eignet sich außerdem gut, um als begleitendes Stundenelement immer wieder miteinbezogen zu werden und Orientierung zu schaffen.

- Die Umsetzung ist analog als Tafelbild oder auf einem bleibenden Flipchart denkbar. Im digitalen Unterricht eignet sich eine Power-Point-Präsentation oder die Visualisierung auf einem Board-Tool.

MÖGLICHE VARIATIONEN

- Überblicksbezogene Lernlandkarten zeigen von Beginn an das Spektrum an möglichen Zielen auf und geben einen Überblick über das dargestellte Thema. Sie werden von Lehrenden für die Lernenden erstellt.

- Lernprozessorientierte Lernlandkarten nach Michael Wildt werden von Schüler*innen selbst erstellt und geben zusätzlich einen diagnostischen Einblick in den Lernprozess.

PRAXIS-TIPP FÜR DEINE MODERATION

Um die Spannung während der Präsentation hoch zu halten, empfehlen wir, die einzelnen Schritte der Geschichte nach und nach aufzudecken. Gutes Storytelling zeichnet sich außerdem durch eine emotionale Erzählweise aus. Variiere deine Tonlage, betone die einzelnen Stationen und schaffe verbindende Elemente zwischen den Lernschritten, damit der Aufbau nachvollzogen werden kann.

Andrea Seitz
Mitgründerin von Team:werk

Das sprechende Buch
bewirken.org/a11

REFLEXION
DEINE LERNGESCHICHTE

Nimm dir doch mal eine viertel Stunde Zeit bei einem entspannten Getränk und sammle auf einem Blatt Papier Ideen: Wie planst du deine eigene Lernreise und Veränderung? Welche Inhalte, Methoden oder sogar Kompetenzen brauchst du noch auf deinem Weg Schule zu verändern? Wo und mit wem wirst du diese Haltepunkte erleben? Wie sieht der Weg von anderen aus, die in einer ähnlichen Situation sind? Vielleicht vergleicht ihr eure Reisepläne und könnt möglicherweise einen Teil des Weges gemeinsam gehen.

DIE KOMPETENZFIGUR

KOMPETENZEN REFLEKTIEREN UND SICHTBAR MACHEN

In welchen Themen bin ich Expert*in? Wofür schlägt mein Herz? Wo möchte ich hin und was möchte ich hinter mir lassen? Mit dieser Methode lernen sich die Teilnehmenden nicht nur selber besser kennen, sondern erkennen auch die Stärken und Schwächen der anderen Mitglieder in der Gruppe. Besonders in der Projektarbeit kann dies hilfreich sein, damit sich Interessen und Fähigkeiten ergänzen und individuelle Schwächen durch die Kompetenzen in der Gruppe aufgefangen werden können.

ZIELE DER METHODE

- Eigene Ressourcen bewusst machen
- Interessen konkretisieren
- Stärken und Kenntnisse aufzeigen
- Schwierigkeiten und Herausforderungen vorbeugen
- Sich selbst und andere besser kennenlernen

MITTEL **AB 1** **20-30 MIN** **VORLAGEN**

WAS BRAUCHE ICH DAZU?

Bereite eine Beispieldarstellung für die Kompetenzfigur vor. Dafür zeichnest du einen Menschen. Jedes Körperteil bekommt nun eine Frage zugeordnet (diese kannst du entsprechend der Lernziele anpassen). Nutze gern unsere Vorlage, wenn du möchtest.

ABLAUF DER METHODE

- In Einzelarbeit haben die Schüler*innen etwa 15 Minuten Zeit, die Kompetenzfigur zu zeichnen und die Fragen zu beantworten.

- Anschließend kommen die Lernenden für etwa 10 Minuten zu zweit in Breakout-Räumen (oder in asynchronen Lernsettings außerhalb der Online-Session) zusammen und stellen sich gegenseitig die Figur vor. Je nachdem, wie gut sich die Gruppe kennt, können die Kompetenzfiguren auch von Austauschpartner*in ergänzt werden.

- Abschließend bietet sich ein Blitzlicht an, in dem freiwillig Gedanken mit der ganzen Gruppe geteilt werden können. So wird ein gutes Ende gefunden und du bekommst einen Eindruck, wo die Gruppe steht.

TIPPS FÜR DIE MODERATION

Online bietet es sich an, während der Stillarbeit den Bildschirm zu verlassen, sodass sich die Lernenden einen indivi-

duellen Ort suchen können, an dem sie ihre Kompetenzfigur erstellen. Auch in Präsenz solltest du während der Stillarbeit eine entspannte Arbeitsatmosphäre schaffen. Da es sich um eine sehr persönliche Aufgabe handelt, ist es für den Austausch wichtig, dass in der Lerngruppe ein respektvolles Klima herrscht. Je nach Lerngruppe ist es sinnvoll, dass sich die Lernenden selbst aussuchen, mit wem sie sich über ihre Kompetenzfigur austauschen möchten.

 ## MÖGLICHE VARIATIONEN

- Die Kompetenzfigur lässt sich auch projektspezifisch gestalten, indem die Fragen an ein bestimmtes Thema angepasst werden. Hier kann auch eine fiktive Kompetenzfigur erfunden werden (ein*e Superheld*in), die alle Kompetenzen besitzt, die für die Umsetzung eines Projektes notwendig sind. Neben individuellen Kompetenzfiguren kann auch eine Gruppenkompetenzfigur erstellt werden, die deutlich macht, wie viele diverse Fähigkeiten vorhanden sind oder in welchen Bereichen für ein bestimmtes Projekt noch Kompetenzen fehlen. Kombiniert man beide Varianten, kann eine Gruppe durch den Vergleich der eigenen und der fiktiven Kompetenzfigur prüfen, ob sie die projektspezifischen Anforderungen abdecken kann.

- Die Methode kann gut von den Schüler*innen alleine vorbereitet und im Rahmen einer Unterrichtsstunde reflektiert werden.

JACKE ABLEGEN

ANKOMMEN IM DIGITALEN RAUM

Hand aufs Herz: Wer ist noch nicht in Zeiten von Homeschooling ins virtuelle Klassenzimmer gestolpert und war Sekunden zuvor noch mit völlig anderen Dingen beschäftigt? Was geht in diesem Moment eigentlich in den Köpfen der Schüler*innen vor? Besonders im Online-Unterricht kommen Tür-und-Angel-Gespräche oft zu kurz. Nutze diese Methode, um locker und routiniert zu erfahren, was deine Klasse aktuell beschäftigt. Gerade wenn kein physischer Ortswechsel stattfindet, ist das psychische Ankommen in der Unterrichtssituation für alle Beteiligten enorm wichtig – vergleichbar mit dem Ablegen der Jacke an der Garderobe.

ZIELE DER METHODE

- Stimmungsbild einfangen
- Mental für den Unterricht vorbereiten
- Gespür für Lebenswelt der Schüler*innen erhalten

EINFACH **AB 2** **10 MIN**

ABLAUF DER METHODE

Die Schüler*innen erhalten kurz Zeit, sich zu folgenden drei Fragen Gedanken zu machen:

- Worüber habe ich mich zuletzt gefreut?
- Worüber habe ich mich zuletzt geärgert?
- Mit welchem Gefühl gehe ich jetzt in diese Stunde?

Anschließend werden die drei Fragen reihum im Plenum beantwortet. Achtung: Es ist in Ordnung, wenn jemand aussetzen oder nicht alle drei Fragen beantworten möchte.

TIPPS FÜR DIE MODERATION

Die Lehrkraft agiert bei der Plenumsrunde als Zeitwächter*in und achtet darauf, dass auf jede Frage nur mit einem Satz geantwortet wird.

MÖGLICHE VARIATIONEN

- Bei großen Gruppen: Teile die Klasse in Kleingruppen auf, um Zeit zu sparen und gleichzeitig alle zu Wort kommen zu lassen.
- Für den Präsenzunterricht: Nutze die Check-In-Methode auch im analogen Klassenzimmer als Routine zum Ankommen in der ersten Stunde, nach der Pause oder nach dem Wochenende.

- Du kannst die Fragen natürlich abwandeln und z.B. auf die vorherige Stunde mit dir beziehen („Was hat mir an der letzten Stunde besonders/weniger gefallen?"), auf die vorangegangene Stunde der Klasse („Was spukt mir gerade noch im Kopf herum? Was möchte ich noch loswerden, bevor ich mich auf die anstehende Stunde einlassen kann?") oder einen anderen, unmittelbar vorausgegangenen Zeitraum (Schulweg, Pause, etc.).

- Diese Methode und auch der Titel sind vor allem dem digitalen und hybriden Unterricht geschuldet. Die Tatsache, dass wir leider in Unterrichtseinheiten viel zu oft ohne guten wertschätzenden Start reinstolpern, verliert in Präsenz leider nicht an Bedeutung. Probiere diese und ähnliche Startsequenzen doch auch im Präsenzunterricht, auch wenn du nicht die erste Stunde hast.

DREI HASHTAGS

DER SCHNELLE CHECK-IN, DER DAS ANALOGE INS DIGITALE BRINGT

Der Start einer Online-Session lässt sich manchmal auch ganz simpel mit Zettel und Stift gestalten. Dafür schreiben die Lernenden Hashtags auf einen Zettel und halten diesen in die Kamera. Im Anschluss kannst du die Hashtags nutzen, um zum Stundenthema überzuleiten.

Diese Methode ermöglicht es den Lernenden, sich aktiv zu beteiligen und dient als Motivation, das Video einzuschalten, ohne dabei selbst zu sehr im Fokus zu stehen. Anders als bei klassischen Frage-und-Antwort-Phasen kannst du mit dieser Methode schneller und leichter ein Stimmungsbild einholen.

ZIELE DER METHODE

- Gemeinsamer Start
- Fokussierung und Konzentration
- Stimmungsbild oder Überleitung zum Stundenthema
- Kamera-Test

EINFACH

AB 1

3-5 MIN

WAS BRAUCHE ICH DAZU?

Die Teilnehmenden benötigen jeweils einen Zettel sowie einen dickschreibenden Stift. Zudem muss für die Methode die Kamera funktionieren.

ABLAUF DER METHODE

- Du bittest die Teilnehmenden, ihre Kamera zu starten und einen Zettel und einen Stift bereit zu halten.
- Anschließend stellst du deine Einstiegsfrage (z.B. „Wie kommt ihr hier heute an?").
- Du bittest die Gruppe, drei Hashtags oder Schlagwörter zu deiner Frage zu formulieren und aufzuschreiben.
- Anschließend halten alle ihre Hashtags in die Kamera und schauen, was die anderen aufgeschrieben haben.
- Du gehst auf die Hashtags ein und nutzt sie im besten Fall, um zum Stundeninhalt überzuleiten.

TIPPS FÜR DIE MODERATION

Halte selbst Zettel und Stift in die Kamera, sobald du die Methode einleitest. Auf diese Weise sehen die Teilnehmenden, welches Material sie benötigen und was sie tun sollen. Erinnere deine Gruppe daran, einen möglichst dickschreibenden Stift (beispielsweise einen Filzstift) zu benutzten und groß und deutlich zu schreiben, damit die Hashtags im Kamerabild besser zu lesen sind.

 MÖGLICHE VARIATIONEN

- Die Methode eignet sich auch in anderen (Online-)Unterrichtsphasen. Nutze sie beim Erarbeiten von Inhalten (z.B. „Was ist beim Schreiben einer Kurzgeschichte zu beachten?") oder hole dir auf diese Weise ein Feedback von deiner Gruppe ein (z.B. „Welche Themen möchtet ihr für die Klassenarbeit wiederholen?").

- Anstatt Schlagwörter aufzuschreiben, kannst du die Aufgabe auch so stellen, dass die Teilnehmenden ein schnelles Bild malen sollen.

- Eine weitere Möglichkeit ist es, das ganze als SMS oder Twitter-Nachricht umzusetzen mit einer Zeichenbegrenzung von beispielsweise 140 Zeichen, die dann im Chat geteilt werden.

- Wenn bei Einzelnen die Kamera nicht funktioniert, können diese sich über den Chat beteiligen und dort ihre Hashtags aufschreiben.

- Natürlich ist diese Methode perfekt auch im Präsenzunterricht nutzbar, um eine Stimmung, eine Zusammenfassung oder ähnliches auszudrücken. Es ist damit eine Methode die Kreativität, Spontaneität und Priorisierung erfordert.

BUCHSTABENASSOZIATION

EIN GUTER EINSTIEG IN EIN NEUES THEMA

Die Buchstabenassoziation dient dem inhaltlichen Einstieg in ein (neues) Thema. Das kreative Denken der Teilnehmenden wird angeregt. Du erhältst zudem einen guten Überblick über den Wissensstand der Gruppe zum Thema.

ZIELE DER METHODE

- Inhaltlicher Einstieg
- Wissensstand erkennen und einordnen
- Kreativität und Aktivierung der Eigenverantwortung

WAS BRAUCHE ICH DAZU?

- Bevor die Methode eingesetzt werden kann, muss ein Wort festgelegt werden, zu dem die Assoziationen gesammelt werden sollen. Zudem wird ein Board-Tool benötigt (frei oder eingeschränkt).
- Zur Vorbereitung wird das Wort senkrecht und mittig auf das Board-Tool geschrieben.

ABLAUF DER METHODE

- Gib deinen Schüler*innen Zugriff auf die Vorlage oder den Link zum Board-Tool oder teile deinen Bildschirm in der Videokonferenz, falls die Kommentarfunktion vorhanden ist.
- Bitte die Teilnehmenden, thematisch passende Assoziationen zu dem Wort zu sammeln, die mit den im Wort vorhandenen Buchstaben anfangen.
- Die Teilnehmenden schreiben ihre Assoziationen mithilfe des Tools direkt neben den jeweiligen Anfangsbuchstaben auf den Bildschirm.
- Anschließend wird gemeinsam auf das Ergebnis geschaut. Die Teilnehmenden können Rückfragen stellen, unklare Punkte werden erläutert.

TIPPS FÜR DIE MODERATION

Achte bei der Auswahl des Wortes darauf, dass es viele Assoziationen ermöglicht. Worte, in denen sich viele Buchstaben doppeln oder viele seltene Anfangsbuchstaben vorkommen, sind nicht so gut geeignet. Stelle sicher, dass alle Teilnehmenden wissen, wie das Board-Tool oder die Kommentarfunktion funktionieren. Manchmal ist die Kommentarfunktion im Videokonferenz-Tool nicht bei allen vorhanden (z.B. bei fehlenden Updates). Bitte die Teilnehmenden dann, ihre Assoziationen in den Chat zu schreiben.

EINFACH

GRUPPE

10 MIN

Beispiel: Thema „Demokratie". Assoziationen können beispielsweise Rechtsstaat, Entscheidungsfindung und Deutschland sein. Politik oder Wahlen gehen nicht, da P und W nicht im Wort „Demokratie" vorkommen. Direktwahl hingehen würde funktionieren.

BILDERASSOZIATION

WIE DU DIE INTUITIVE UND EMOTIONALE EBENE DER LERNENDEN ANSPRECHEN KANNST

Mit der Bilderassoziation gelingt ein kreativer Einstieg in eine neue Gruppe oder ein neues Thema. In einem wertfreien Raum stehen die individuellen Perspektiven und Zugänge der Teilnehmenden im Fokus. Gemeinsam entsteht eine bunte Collage, die viel über die Gruppe verrät. Die Bilderassoziation ist außerdem geeignet, um visuelle und emotionale Lerntypen anzusprechen.

ZIELE DER METHODE

- Kennenlernen
- Inhaltlicher Einstieg
- Visuelle und emotionale Lernebene ansprechen

WAS BRAUCHE ICH DAZU?

Für die Methode wird eine Bildersammlung benötigt, beispielsweise Landschaftsbilder, Makro-Aufnahmen, Portraits, Zeichnungen, Sprüche oder ähnliches, die in einem Board-Tool oder auf einer Präsentationsfolie zusammengetragen wird. Die Bilder werden nummeriert oder mit Buchstaben versehen. Es sollten mindestens so viele Bilder wie Teilnehmende vorhanden sein.

ABLAUF DER METHODE

Variante 1 - Kennenlernen

- Alle Teilnehmenden wählen ein Bild aus der Sammlung aus, geleitet von der Aussage: „Dieses Bild passt zu mir, weil …".
- Anschließend erzählen alle Teilnehmenden nacheinander, welches Bild sie ausgewählt haben (Nummer/Buchstabe) und warum es zu ihnen passt.

Variante 2 - Inhaltlicher Einstieg

- Alle Teilnehmenden wählen ein Bild aus der Sammlung aus, das für sie zu einem vorgegebenen Thema passt.
- Anschließend erzählen alle Teilnehmenden nacheinander, welches Bild sie ausgewählt haben (Nummer/Buchstabe) und was dieses Bild aus ihrer Sicht mit dem Thema verbindet.
- Beispiel zum Thema Klimawandel: Eine Person wählt das Bild eines Baumes und erklärt: „Ich habe den Baum gewählt, weil gesunde Wälder eine wichtige Rolle für die Erhaltung des Weltklimas spielen und CO_2 aufnehmen."

EINFACH

BIS 20

15-20 MIN

NUTZBAR AUCH IN PRÄSENZ

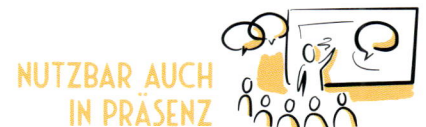

TIPPS FÜR DIE MODERATION

Je nach Größe der Gruppe sollte die Redezeit beschränkt werden, beispielsweise auf drei Sätze pro Person. Zudem sollte (gerade bei Variante 2) deutlich gemacht werden, dass es keine richtigen oder falschen Antworten gibt, sondern es um die individuellen Assoziationen der Teilnehmenden geht.

MÖGLICHE VARIATIONEN

- Statt mit vorher ausgewählten Bildern zu arbeiten, können die Teilnehmenden auch selbst ein Bild heraussuchen, das gut zu ihnen oder zum Thema passt.
- Wenn die Gruppe zu groß ist, kann auch eine Aufteilung in Breakout-Räume sinnvoll sein. Hierfür ist es wichtig, dass für jede Gruppe eine Moderation bestimmt wird und dass ein respektvolles Gruppenklima herrscht, auch wenn du nicht mit dabei bist.

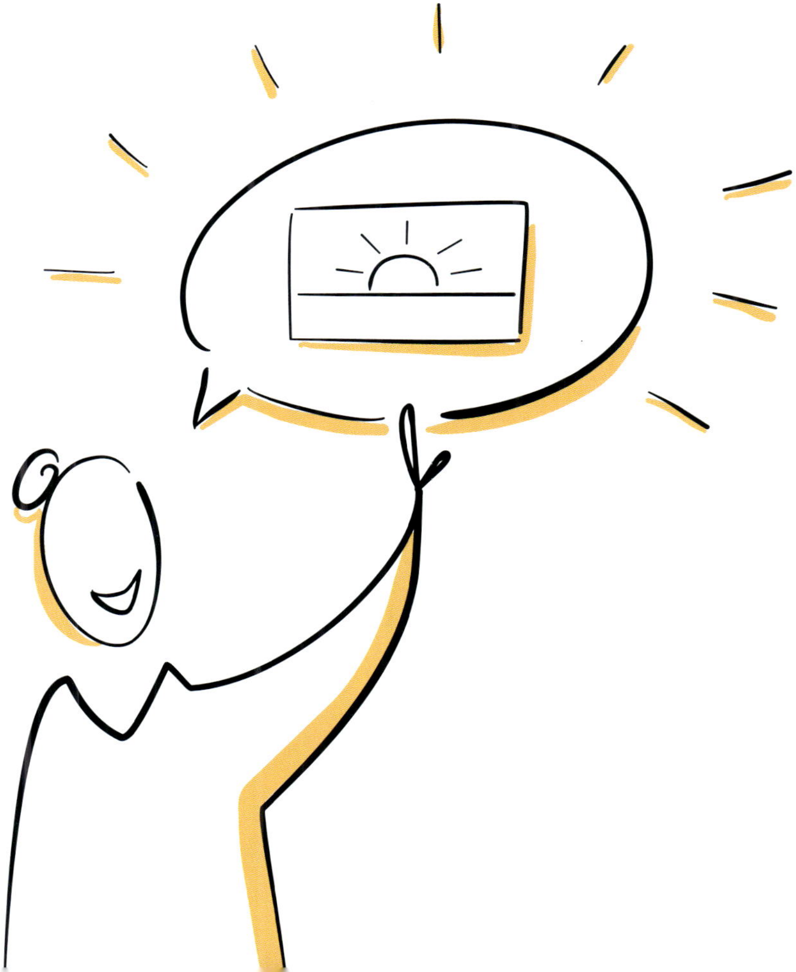

DIGITALE UMFRAGE

DER SCHNELLE CHECK-IN FÜR GROßE GRUPPEN

Eine digitale Umfrage zum Start einer Lerneinheit bietet die Möglichkeit, auch in großen Gruppen alle zu Wort kommen zu lassen. Indem Fragen von den Teilnehmenden über eine App beantwortet und die Ergebnisse zentral angezeigt werden, kannst du dir in sehr kurzer Zeit einen Überblick darüber verschaffen, wie die Lernenden in deiner Session ankommen oder auch ihre Meinung oder ihr Vorwissen zu bestimmten Themen sichtbar machen.

ZIELE DER METHODE

- Gemeinsamer Start
- Fokussierung und Konzentration
- Inhaltlicher oder persönlicher Einstieg
- Wissensstand sichtbar machen

WAS BRAUCHE ICH DAZU?

- Wähle ein Umfrage-Tool aus. Achte hierbei darauf, was du abfragen willst: Jedes Tool erlaubt etwas unterschiedliche Fragetypen, wie beispielsweise Skalen, Wortwolken oder Mehrfachauswahl.
- Bereite deine Fragen in dem entsprechenden Tool vor. Zum Check-In sind hier zwei bis drei Fragen vollkommen ausreichend.

ABLAUF DER METHODE

- Teile den Zugang zur Umfrage über einen QR-Code oder über einen Link im Chat.
- Führe durch die verschiedenen Fragen.
- Wenn es sich anbietet, kannst du wichtige Erkenntnisse oder weiterführende Aspekte eines Ergebnisses thematisieren, so ist ein guter Einstieg gegeben.
- Leite anschließend zum Thema deines Unterrichts über.

TIPPS FÜR DIE MODERATION

Achte darauf, wie die Ergebnisse der Umfrage digital angezeigt werden – das kann sich je nach genutztem Tool unterscheiden. Sehen die Teilnehmenden die Ergebnisse auf ihren Endgeräten oder musst du diese über die Bildschirm-Teilen-Funktion (in Präsenz über Smartboard oder Beamer) den Lernenden sichtbar machen? Der Umstieg auf ein weiteres Tool

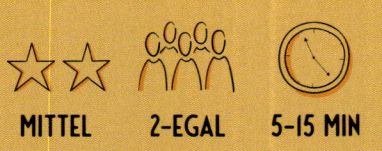

MITTEL   **2-EGAL**   **5-15 MIN**

braucht außerdem auch immer einen kurzen Moment und kann zu Verzögerungen führen, wenn es bei einzelnen nicht direkt funktioniert. Sei dir bei der Planung deshalb bewusst, dass der Übergang von der Videokonferenz zur Umfrage immer ein bis zwei Minuten Zeit in Anspruch nimmt.

MÖGLICHE VARIATIONEN

Digitale Umfragen kannst du nicht nur als Check-In, sondern auch hervorragend als spielerische Wissensabfrage in Form eines Quiz einsetzen oder die Wortwolken und andere Funktionen als Feedback oder Evaluationssequenz in einem längeren Lernprozess. Wenn du dich mit einem Tool gut auskennst, kannst du es für solche Zwecke als festes Element in die Lernphasen oder den Unterricht einbauen. Dabei können möglicherweise auch die Schüler*innen selbst das Instrument nutzen und betreuen.

Das sprechende Buch
bewirken.org/a12

DIE SNIPPET BETEILIGUNGS-APP VON BEWIRKEN

Weil es kein passendes Tool gab, haben wir 2020 eine eigene Umfrage-App entwickelt, die ohne Download auf jedem mobilen Endgerät funktioniert. Die App wurde bereits ausgezeichnet und wird derzeit vor allem von Kommunen gerne genutzt. Schau doch mal vorbei, vielleicht ist der Einsatz auch in deiner Schule interessant.

bewirken.org/snippet

TEIL 3 — METHODEN

LERNMETHODEN — METHODEN ZUR THEMATISCHEN ARBEIT

EINFÜHRUNG

LERNPROZESSE INNOVATIV UND PARTIZIPATIV GESTALTEN

In diesem Kapitel möchten wir dir ein paar Anregungen geben, wie du mit neuen Methoden Interaktion und gemeinsame Arbeit spannend gestalten kannst. Einige dieser Methoden sind nette kleine Ideen, die den Unterschied machen können, damit du und deine Schüler*innen gemeinsam Spaß am Unterricht habt.

Einige Methoden, wie beispielsweise das Lernboard, können allerdings, je nach Verwendung, deinen Unterricht und deine Rolle grundsätzlich verändern und haben das Potential, die Lernprozesse in deiner Klasse auf den Kopf zu stellen. In diesem Buch haben wir uns aber darauf beschränkt, sie für den konkreten Einsatz als kleine Unterrichtsmethode einzuführen. Dadurch hast du die Gelegenheit Dinge auszuprobieren, und wenn du auf den Geschmack gekommen bist, kannst du den nächsten Schritt gehen.

Die Methoden sind sehr flexibel in verschiedenen Lernformen einsetzbar und haben kein spezifisches Schulkonzept als Voraussetzung. Vielleicht sind sie für dich und deine Kolleg*innen aber eine Einladung Neues auszuprobieren.

Diese Zeit bietet uns die Chance, gemeinsam Lernen grundsätzlich zu verändern. Wir wünschen dir mit diesem Kapitel viel Spaß auf deinem Weg zum selbstorganisierten Lernen.

FUNKTIONEN DES LERNRAUMS

- Perspektivwechsel bei Jugendlichen anstoßen
- Neue Dinge entdecken und ausprobieren
- In Dialogen den eigenen Standpunkt formen
- Im Austausch Wissen einordnen
- Klare Rahmen für offene Lernprozesse
- Positive und praktische Rahmung von Lernprozessen
- Strukturierung und Visualisierung von Lernprozessen/Lernpfaden
- (Re-)Kontextualisierung von Informationen

Das sprechende Buch
bewirken.org/a13

INHALT

WEBQUEST

SELBSTLERNEN VORBEREITEN, ANSTOßEN UND ÜBEN

Die Webquest-Methode ist eine Schnitzeljagd durchs Internet und stammt von Dernie Dodge (University of San Diego). Bei dieser Methode handelt es sich um ein digitales Lernarrangement, bei dem Schüler*innen selbstorganisiert und in Kooperation Aufgaben mit Hilfe von Informationen aus dem Internet bearbeiten. Webquests können den digitalen projektorientierten Unterricht unterstützen und sind für (fast) jedes Unterrichtsthema einsetzbar.

ZIELE DER METHODE

- Selbstlernkompetenz fördern
- Problemlösungsfähigkeiten verbessern
- Neue Inhalte eigenständig erschließen und verknüpfen
- Eigenständige Präsentation von Ergebnissen und Wissensaustausch
- Informationsmedien sinnvoll und bewusst nutzen
- Kritischen Umgang mit Medien einüben und reflektieren

SCHWER   **AB 1**   **AB 30 MIN**

WAS BRAUCHE ICH DAZU?

Bereite Aufgabenstellungen und Arbeitsmaterialien vor. Diese kannst du den Lernenden entweder über eine Lernplattform oder auch über ein Board-Tool zur Verfügung stellen.

ABLAUF DER METHODE

Das Internet ist ein riesiger Informationsspeicher, welcher jedoch nicht als strukturierte Lernumgebung angelegt ist. Der Umgang mit Informationsquellen und die selbstorganisierte Wissensaneignung von Lernenden kann mit einer Webquest strukturiert geübt werden. Anhand eines vorgegebenen methodischen Gerüstes bearbeiten die Lernenden in Gruppen eine problemorientierte Aufgabenstellung. Die Materialien und die Aufgabenstellung werden dabei über das Internet zur Verfügung gestellt und bestehen üblicherweise aus folgenden Elementen:

- Einleitung und Einführung in die Thematik – Hinführung zum Thema, Anknüpfung an die Erfahrungswelt der Lernenden, Interesse wecken am Problem oder einer Situation und den Bezug zu curricularen Bildungsinhalten herstellen. Unser Tipp: Erstelle doch mal selbst ein Video und führe durch ein Experiment zum Thema hin.

- Themen- und zielgruppenangemessene Aufgabenstellung – Präzise und eindeutige Formulierung, Beschreibung eines komplexen Problems mit unterschiedlichen Sichtweisen und Lösungsmöglichkeiten.

- Hilfreiche bzw. notwendige Arbeitsmaterialien/Ressourcen – Bereitstellung von Links oder Literaturhinweisen, vereinzelten Materialien und/oder Tools.

- Hinweise zum Arbeitsprozess/Hilfestellungen für die Bearbeitung – Vorschläge zu einzelnen Arbeitsschritten, Sozialform und Verteilung von Rollen. Die Gesamtaufgabe kann dabei auch in einzelne Gruppenaufgaben gegliedert und zugewiesen werden. Auch grundsätzliche Regeln für die Bearbeitung des Webquests werden hier angegeben.

- Präsentation der Ergebnisse durch einzelne Lernende oder Kleingruppen – Mögliche Formen sind hier Blogs, Homepages, Videos, Präsentationen oder kollaborative Boards und Collagen.

- Evaluation durch Feedback des Lehrenden oder Peer-Assessment – Gemeinsame Reflexion der Gruppen über den Lern- und Arbeitsprozesses, z.B. in Online Sessions.

TIPPS FÜR DIE MODERATION

Wahrscheinlich bedarf es für dich als Lehrkraft und auch für deine Lernenden etwas Einarbeitung in diese Methode. Auch werden deine Schüler*innen zu Beginn vielleicht mehr Anleitung von dir wünschen. Biete ihnen deshalb stets deine Unterstützung und Begleitung an und vereinbare z.B. kurze, regelmäßige Coaching-Gespräche während des Arbeitsprozesses mit ihnen. Um kein Gefühl der Überforderung bei den Lernen-

den zu erzeugen, geben wir dir den Tipp, die Methode und die einzelnen Prozesse dahinter offen und strukturiert vorab mit deiner Klasse zu besprechen. Dazu eignet sich beispielsweise ein virtueller Kick-Off als Start der Projektphase. Vielleicht lässt du deine Klasse auch mit entscheiden, welches Thema (laut Lehrplan) sich am besten für diese Methode eignet? Erarbeitet dann gemeinsam einen Projektfahrplan mit konkreten Terminen (Wann sollen die Ergebnisse präsentiert werden? Wann trefft ihr euch zur Evaluation? Welche Lerngruppen finden sich zusammen?) und beziehe deine Schüler*innen in deine Beurteilungskriterien mit ein. Worauf achtest du bei deiner Beurteilung? Was sollte von den Schüler*innen geleistet werden?

Das spannende an dieser Methode ist, dass nicht mehr du als Lehrende*r im Zentrum der Wissensvermittlung stehst, sondern die Lernenden zu einem selbstgesteuerten Aneignungsprozess aktiviert und motiviert werden. Dies erlaubt dir wiederum viel mehr Freiheiten in der individuellen Begleitung.

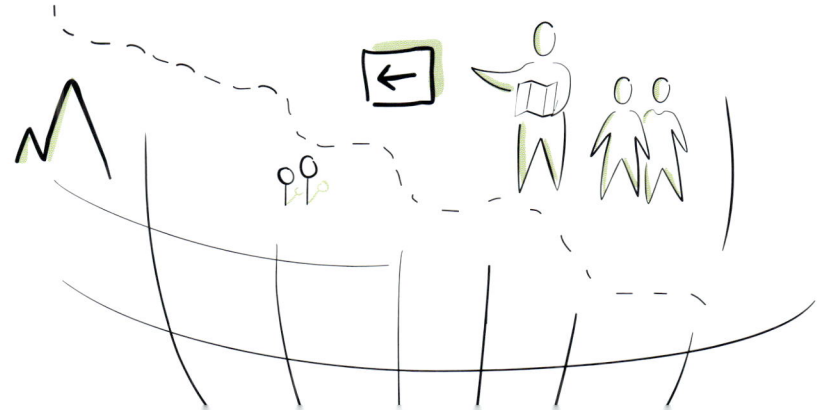

STILLE DISKUSSION

LEISES ARBEITEN, LAUTE ERGEBNISSE

Die digitale stille Diskussion ist eine partizipative Methode, die es den Lernenden ermöglicht, Gedanken und Meinungen auszutauschen und darüber in Diskussion zu treten. Der Vorteil dieser Methode ist, dass sie schriftlich und damit still verläuft, und dadurch mit üblichen Gesprächsdynamiken bricht. Jede*r kann in seinem eigenen Tempo mitdiskutieren. So kommen nicht nur auch zurückhaltende Lernende zu Wort, sondern es entsteht direkt ein Resultat, mit dem weitergearbeitet werden kann. Darüber hinaus ermöglicht die digitale stille Diskussion, dass zeitgleich mehrere Personen „sprechen" können. So gibt es in weniger Zeit mehr inhaltlichen Austausch.

ZIELE DER METHODE

- Lernende positionieren sich und tauschen sich aus
- Automatische Ergebnissicherung
- Mit üblichen Gesprächsdynamiken brechen und weniger Redegewandte zu Wort kommen lassen
- Anwendung von bereits Erlerntem

MITTEL **8-40** **20-40 MIN**

WAS BRAUCHE ICH DAZU?

- Grundvoraussetzung ist die Nutzung eines Board-Tools. Es eignen sich sowohl „freie" Board-Tools, als auch einige eingeschränkte Board-Tools (je größer die Gruppe ist, umso besser eignen sich jedoch „freie" Board-Tools, da diese mehr Platz bieten).
- Du bereitest im Vorfeld ein Board vor. Auf diesem Board befinden sich, je nach Gruppengröße, unterschiedlich viele Fragen und Statements.
- Die Fragen und Statements werden gut sichtbar (in fetter Schrift oder auffälliger Farbe) mit ausreichend Platz zueinander verteilt.

ABLAUF DER METHODE

- Den Lernenden wird die Methode kurz vorgestellt.
- Die Lernenden bewegen sich individuell auf dem Board und gehen auf Fragen und Statements ein. Weise darauf hin, dass sie sich aufeinander beziehen können/sollen und auch die Antworten und Gedanken ihrer Mitlernenden in die Diskussion einbeziehen. Es bietet sich an, zusätzlich zum Schreiben auch mit Pfeilen oder Verbindungslinien zu arbeiten, um Bezüge herzustellen. Mit Emojis oder Icons kann außerdem auf Beiträge von anderen reagiert und diesen beispielsweise zugestimmt werden. So entwickelt sich ein stilles Gespräch.

- Wichtig: Es darf nicht gesprochen und nur auf dem Board kommentiert werden.
- Zum Schluss haben die Lernenden die Möglichkeit, sich das Board mit seinen vielen Kommentaren noch einmal kurz anzuschauen, damit alle Stimmen gesehen werden.

TIPPS FÜR DIE MODERATION

Damit viele Gesprächsstränge entstehen und sich die Diskussion entzerrt, empfiehlt es sich, die Fragen/Statements an die Gruppengröße anzupassen. Auf ca. 4 Personen sollte eine Frage oder ein Statement kommen. Darüber hinaus zeigt die Erfahrung, dass leicht provokative Fragen/Statements die stille Diskussion stärker anregen.

MÖGLICHE VARIATION

Die Lehrkraft kann die Lernenden nach einer festgelegten Zeit auffordern, zu einer neuen Frage überzugehen. So wechseln die Gesprächsstränge und die Lernenden setzen sich mit allen Fragen/Statements auf dem Board auseinander.

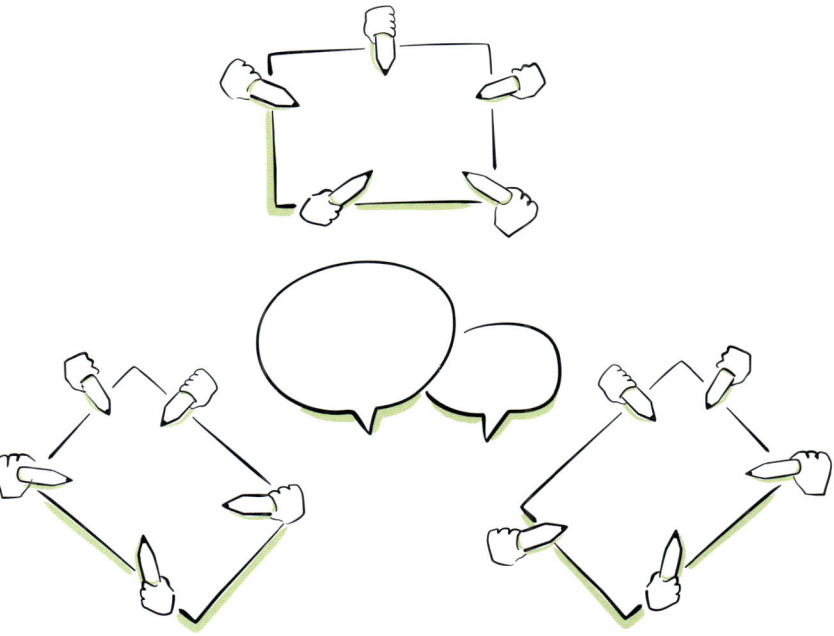

SELBST ENTSCHEIDEN

EIGENVERANTWORTLICH IN EIN THEMA ABTAUCHEN

Warum die Schüler*innen nicht mal selbst über ihren Lernprozess entscheiden lassen? Mit dieser Methode eröffnest du deinen Schüler*innen die Möglichkeit, selbst aus verschiedensten Aufgabenformaten zu einem Thema zu wählen, um dieses anschließend selbstständig zu bearbeiten. Der digitale Unterricht bietet hier den Vorteil, dass du direkt multimediale Inhalte einbeziehen kannst und so vielfältigere Lernmaterialien und Ergebnispräsentationen möglich sind.

ZIELE DER METHODE

- Selbstgesteuert und erfahrungsbasiert lernen
- In Kommunikation mit Mitschüler*innen treten
- Kooperatives Lernen

WAS BRAUCHE ICH DAZU?

Ihr habt die Einführungsphase zu einer Thematik bereits hinter euch und nun geht es in die Vertiefungsphase? Perfekt.

MITTEL   **AB 1**   **AB 45 MIN**

Bereite für die nächste Online-Session ein Board-Tool so vor, dass deine Schüler*innen verschiedene Wahlmöglichkeiten haben, wie sie am liebsten ein Thema bearbeiten möchten. Füge dazu Bilder, Texte, Thesen oder andere Materialien in das Board-Tool ein.

ABLAUF DER METHODE

- Lasse die Schüler*innen eine Alternative auswählen. Sie können dazu beispielsweise einen Klebezettel mit ihrem Namen zu den Wahlmöglichkeiten „kleben" oder auch einfach freihändig mit dem digitalen Stift ihren Namen zu der Wahlmöglichkeit schreiben.

- Für jede Wahlmöglichkeit entsteht so eine kleine Gruppe, die du anschließend in einen Breakout-Raum „navigieren" kannst und ihnen zur jeweiligen Wahlmöglichkeit einen konkreten Arbeitsauftrag und eventuell Material mitgibst.

- Arbeitsmaterialien wie Links, Dateien mit Texten, Videos etc. kannst du entweder über das Board-Tool, über eure Lernplattform oder den Chat zur Verfügung stellen.

- In einem vorher gemeinsam definierten Zeitfenster lässt du dann die Gruppen ihre Wahlmöglichkeiten bearbeiten und anschließend präsentieren. Auch für die Präsentation solltest du ein Zeitfenster festlegen.

PRAXIS-TIPP FÜR DEINE MODERATION

Bei dieser Methode schlüpfst du in die Rolle einer Lernbegleitung. Dir obliegt es, während der Arbeitsphase zu beobachten, welche Lernenden im selbstgesteuerten Lernen bereits geübter sind und bei welchen du verstärkt begleiten und unterstützen musst. Die meisten Videokonferenz-Tools haben die Funktion, dass du zu den einzelnen Breakout-Räumen dazu stoßen kannst.

Franziska Köpnick
Learningdesignerin & Akademieleitung beWirken

MÖGLICHE VARIATIONEN

Möglich wäre auch, nicht nur das Thema frei wählen zu lassen, sondern auch die Möglichkeit der Präsentation oder Darstellung (z.B. Storypitch oder Mind-Map), dazu kannst du dann beispielsweise einen Gallery-Walk oder ähnliche Methoden nutzen, um die Ergebnisse mit allen zu reflektieren und darüber zu sprechen.

 **Das sprechende Buch**
bewirken.org/a14

PERSPEKTIVWECHSEL-INTERVIEW

EIN OHR FÜR „NEUES" UND „UNERWARTETES" – UMFRAGEN IM EIGENEN UMFELD

Diese Methode ermöglicht es Schüler*innen, die eigene und kritische Perspektive auf Sachverhalte, die Gesellschaft oder Diskurse durch reale Begegnungen mit Personen zu erweitern, zu hinterfragen oder neu zu bilden. Zur Gestaltung einer anregenden Lernatmosphäre braucht es eine Kombination aus unterschiedlichen Lernorten, Impulsgebenden, Lernpartner*innen und Erwartungen. Gerade in sehr stark digital geprägten Lernkontexten ermöglicht diese Methode eine kreative Verzahnung von digitalen und analogen Lernformen.

Schüler*innen kommen mit Menschen aus ihrem Umfeld ins Gespräch, bestenfalls im direkten Kontakt oder auch per Telefon oder Videokonferenz. Damit schlägt diese Methode die inhaltliche „Brücke" zwischen analogem Selbstlernen und digitalem Online-Unterricht. Der soziale Austausch, die authentische Lernerfahrung und das Verlassen der eigenen mentalen und physischen „Vier-Wände" ist der Trumpf dieser Methode. Das Interview zeigt Schüler*innen wie mächtig das Gespräch mit anderen Menschen sein kann.

SCHWER   **AB I**   **AB 30 MIN**   **VORLAGEN**

ZIELE DER METHODE

- Erfragen und erfahren der Pluralität von Meinungen, Lebenssituationen und Wissen

- Entdecken der eigenen Lernpotentiale durch das Einbeziehen von Vielstimmigkeit und deren Voraussetzung für kritische Meinungsbildung

- Förderung von psycho-sozialen Kompetenzen, Selbstständigkeit und Kreativität

WAS BRAUCHE ICH DAZU?

Überlege, wie intensiv die Aufgabenstellung besprochen werden muss, um den Schüler*innen eine erfolgreiche Lernerfahrung zu ermöglichen. Das kann je nach Alter und Selbstständigkeit stark variieren. Wichtige Aspekte dabei:

- Verhaltensregeln & Aufsichtspflicht – Insbesondere dann wichtig, wenn die Lernenden das Haus verlassen.

- Lernumgebung – Wo wohnen deine Schüler*innen und welche Möglichkeiten der (sicheren) Kontaktaufnahme mit bekannten oder fremden Menschen haben sie dort?

- Frage- oder Aufgabenstellung – Was ist das Ziel und welche Unterstützung brauchen die Schüler*innen, dies zu erreichen? Es kann hilfreich sein, wenn die Lernenden sich zuvor in Kleingruppen (Breakout-Räumen) gemeinsam einen Interviewleitfaden erarbeiten, mit dem sie sich anschließend einzeln auf den Weg machen.

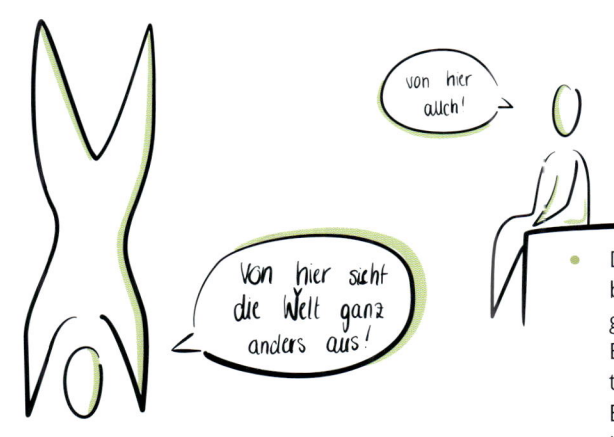

NUTZBAR AUCH IN PRÄSENZ

- Der weitere Lernerfolg erfordert ein Einbinden und Aufbereiten der persönlichen Erfahrungen sowie der gesammelten inhaltlichen Pluralität. Es empfiehlt sich, in Breakout-Sessions erste persönliche Eindrücke auszutauschen. Anschließend können Inhalte auf digitalen Board-Tools festhalten und für weitere Verwendung wie Ideenentwicklung oder Diskussionen genutzt werden.

MÖGLICHE VARIATIONEN

SMS-Umfrage: Ist nur wenig Zeit oder das erforderte Maß an Selbstständigkeit zu hoch, kann die Aufgabe in ein digitales Format umgewandelt werden. Lass die Lernenden dabei zu einer unterrichtsbezogenen Fragestellung drei SMS an ganz verschiedene Personen verschicken und sie z.B. nach persönlicher Wohlstands- und Glücksdefinition fragen.

- Ergebnissicherung – Wo sollen die Ergebnisse festgehalten werden? Wenn mit diesen weiter gearbeitet wird, bietet es sich an, diese in einem kollaborativen Dokument oder Board-Tool zu sichern.

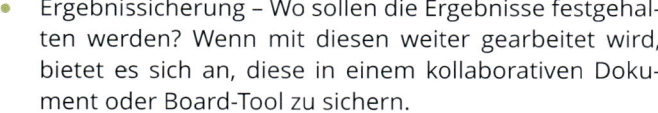

ABLAUF DER METHODE

- Besprich die Aufgabenstellung mit deinen Schüler*innen und lege gegebenenfalls gemeinsam Verhaltensregeln fest oder erarbeite Fragestellungen.

- Lege einen Zeitrahmen fest und schick die Schüler*innen in ihre individuelle Lernphase. Die Methode kann in eine Unterrichtseinheit eingebunden werden oder auch selbstbestimmt in einem größeren Zeitfenster genutzt werden.

PRAXIS-TIPP FÜR DEINE MODERATION

Die Methode eignet sich für verschiedene Kontexte, sowohl zur Recherche, als auch zur Validierung von Inhalten. Im besten Fall erreichst du eine Sensibilisierung für die Perspektive der interviewten Personen.

**Marla Kaupmann
Trainerin & Dozentin bei beWirken**

Das sprechende Buch
bewirken.org/a15

FISH-BOWL-DISKUSSION

DYNAMISCH UND SELBSTGESTEUERT IN EINEN DISKURS GEHEN

Mit Hilfe der Fish-Bowl-Methode lassen sich Diskussionen in großen Gruppen führen. Für das digitale Klassenzimmer bietet es die Möglichkeit, viele Schüler*innen nacheinander in eine Diskussion einzubinden. Durch die Freiwilligkeit, sowohl beim Betreten als auch Verlassen der Diskussion, erinnert die Methode nicht an den Sprung ins kalte Wasser, sondern vielmehr an das vergnügte Schwimmen in einem Goldfischglas.

Der Name kommt aus der Präsenz-Variante der Methode: Die Sitzordnung gleicht einem Goldfischglas, um das die Gruppe im Kreis herumsitzt. Im Innenkreis – der Fish-Bowl – diskutiert eine kleine Gruppe, im Außenkreis wird der Diskussion gelauscht. Der Innenkreis darf jederzeit verlassen werden. Der Stuhl im Diskussionskreis darf von jeder Person solange besetzt werden, bis ein Beitrag geleistet wurde oder jemand anderes einen Beitrag leisten möchte. In der digitalen Version wird der Innenkreis durch das eingeschaltete Video vom Außenkreis (ausgeschaltetes Video) abgegrenzt.

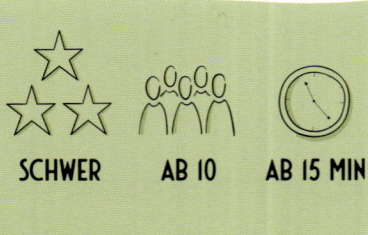

SCHWER **AB 10** **AB 15 MIN**

ZIELE DER METHODE

- Offene Diskussion mit ständigem Rollenwechsel
- Austausch anregen & neue Perspektiven kennenlernen
- Meinungen und Standpunkte abwägen
- Themen vertiefen

ABLAUF DER METHODE

- Zum Start der Diskussion werden Schüler*innen für den Innenkreis ausgesucht, die die Diskussion starten. Bei voller Klassenstärke eignet sich eine Runde von vier Personen. Die Lehrkraft bereitet einen Impuls vor, um den Einstieg in das Gespräch zu erleichtern.

- Alle Zuhörer*innen beenden ihr Video, sodass nur noch die Diskutierenden sichtbar sind. In den Einstellungen der meisten Video-Tools ist es möglich, „Teilnehmende ohne Videofunktion" zu verbergen. Dadurch erscheinen nur noch die Videobilder der Diskussionsgruppe.

- Durch die „Hand-heben"-Funktion können Personen des Außenkreises signalisieren, dass sie an der Diskussion teilnehmen möchten (alternativ funktioniert auch ein Sternchen im Chat).

- Sobald die Lehrkraft eine neue Person auf die Bühne bittet, verlässt ein*e Teilnehmer*in die Bühne. Der Beitritt zur Bühne erfolgt durch das Anschalten des Videos und

des Mikrofons, der Rollenwechsel in das Publikum durchs Ausschalten. Die Lehrkraft unterstützt diesen Ablauf als Moderator*in.

- Am Ende der Diskussion kann jemand aus dem Außenkreis die Gesprächsinhalte zusammenfassend wiedergeben, so kann das Gespräch des Innenkreises mit der gesamten Gruppe reflektiert werden.

 TIPPS FÜR DIE MODERATION

Als Lehrkraft agierst du als steuernde Kraft. Wenn die Diskussion ins Stocken gerät, kannst du neue Diskussionspunkte einwerfen, Fragen stellen und die Zuhörer*innen zur Teilnahme ermuntern. Du kannst das Publikum mit einbinden, indem es durch Reaktionen Zustimmung oder Ablehnung zu Standpunkten zeigt oder auf Fragen im Chat antwortet.

 MÖGLICHE VARIATIONEN

- Die Methode kann auch dazu genutzt werden, dass sich Schüler*innen aktiv mit Positionen oder Meinungen auseinandersetzen, die sie noch nicht kennen oder die nicht ihren eigenen entsprechen. In dieser Variante erarbeiten die Schüler*innen im Vorfeld (am besten in Kleingruppen über die Breakout-Räume) ihre jeweilige Position, mit der sie anschließend zur Diskussion beitragen.

- In der Profivariante der Methode dürfen Personen aus dem Außenkreis ein Mitglied des Innenkreises direkt „abklatschen", indem während des Redebeitrags eine Reaktion abgegeben wird und der Name der diskutierenden Person in den Chat geschrieben wird. Nachdem der angeschnittene Satz beendet wurde, wird Platz für die „abklatschende" Person aus dem Außenkreis gemacht, indem das Video beendet wird.

GALLERY WALK

DAS LERNBOARD ZUR BÜHNE MACHEN

Wer geht nicht gerne auf Entdeckungsreise? Egal ob im Museum oder auf einer Stadtrundfahrt, das Prinzip ist das gleiche: Wir entdecken Neues und kommen darüber mit anderen in Austausch. Genau diese Idee steckt hinter einem Gallery Walk (Galerierundgang/Vernissage).

Beim Gallery Walk entdecken und diskutieren die Schüler*innen zur gleichen Zeit. Anders als bei gewöhnlichen Poster-Präsentationen sind alle gleichzeitig aktiv und niemand wird in die Zuhörerschaft verbannt. Arbeitsergebnisse werden gewürdigt und durch Peer-Feedback wertgeschätzt. Dadurch, dass der Weg durch die (digitale) Galerie selbstgewählt werden kann und die Möglichkeit für Beiträge besteht, ist diese Methode für Lernende sehr motivierend.

ZIELE DER METHODE

- Arbeitsergebnisse präsentieren und besprechen
- Ein neues Thema erschließen und entdecken
- Ideen sammeln und über diese abstimmen

MITTEL   **AB 5**   **AB 15 MIN**

WAS BRAUCHE ICH DAZU?

- „Gallery" einrichten – Als Vorbereitung muss ein kollaboratives Board bereitgestellt werden, auf dem die Lernenden ihre Beiträge verankern können (freie Board-Tools funktionieren hier gut, aber es gibt auch geeignete eingeschränkte Board-Tools).

- Aufgabenstellung verankern – Du erklärst die Aufgabenstellung und den Ablauf des Gallery Walks, den du auch schriftlich festhalten kannst, damit sich deine Klasse während der Methode orientieren kann.

ABLAUF DER METHODE

- Schüler*innen auf das Board einladen, Beiträge verankern – Stelle den Link zum kollaborativen Board über den Chat (im synchronen Setting) oder die Lernplattform (im asynchronen Setting) bereit, damit die Schüler*innen ihre Beiträge verankern können. Für diese Arbeitsphase sollte eine klare Zeit vorgegeben werden.

- Den Rundgang starten – Nachdem alle Beiträge eingereicht wurden, kann der virtuelle Rundgang starten. Die Lernenden haben nun die Möglichkeit, sich mit den Ergebnissen der anderen Gruppen zu befassen. Über die Kommentarfunktion können Fragen gestellt und Anmerkungen gemacht werden. Diese Funktion eignet sich, um Peer-Feedback anzuregen.

- Zeitmanagement ist bei einem Gallery-Walk das A&O. Überlege dir gut, wie viel Zeit du für die einzelnen Phasen zu Verfügung stellst und kommuniziere sie klar. Einige Tools haben einen integrierten Timer, den du in den Arbeitsphasen auf dem Board aktivieren kannst.

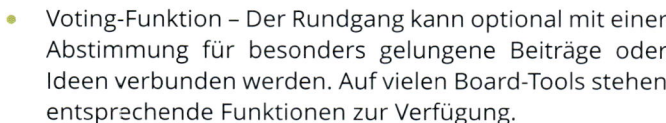

- Voting-Funktion – Der Rundgang kann optional mit einer Abstimmung für besonders gelungene Beiträge oder Ideen verbunden werden. Auf vielen Board-Tools stehen entsprechende Funktionen zur Verfügung.

- Gemeinsamer Austausch im Klassenverbund – Nach dem Rundgang bietet es sich an, den Raum im Plenum für Fragen und Kommentare zu öffnen und ein gemeinsames Fazit zu ziehen.

TIPPS FÜR DIE MODERATION

- Die Methode sollte ausführlich erklärt und der Ablauf sowie die Regeln direkt am Gallery-Board verankert werden. So können sich die Schüler*innen in der Gruppenarbeitsphase selbst Hilfe suchen und bei Bedarf auch in der Kommentarfunktion eine Frage hinterlassen.

MÖGLICHE VARIATIONEN

- Ein Gallery Walk kann auch von dir als Lehrkraft gestaltet werden, um Inhalte in einer etwas anderen Form zu präsentieren. An jeder Station kannst du Inhalte unterschiedlich aufbereiten, zur Reflexion anregen, Aufgaben zur Verfügung stellen und vieles mehr.

- Profimodus: Wenn du die Kommunikation zwischen den Schüler*innen steigern möchtest, kann der Gallery Walk auch in Form von Breakout-Sessions organisiert werden. Jeder Gruppenarbeitsraum erhält ein Thema, über das dort diskutiert wird oder zu dem Ideen gesammelt werden. Die Schüler*innen können sich frei durch die verschiedenen Räume bewegen. Diese Variante ist nur möglich, wenn dein genutztes Videokonferenz-Tool eine Raumauswahlfunktion für Breakout-Sessions besitzt.

DIDAKTISCHER SPAZIERGANG

DEN GANZEN TAG VOR DEM BILDSCHIRM? ES GIBT SO VIEL ZU ENTDECKEN!

Beim digitalen Distanzunterricht ist die Gefahr groß, dass die Bildschirmzeit ein gesundes Maß übersteigt. Dabei bietet die häusliche Umgebung oder das nähere Umfeld sehr viel Entdeckungspotential. Bewegte Schule, mit all ihren Vorzügen, funktioniert auch auf Distanz. So kann das zu Hause und die nähere Umgebung schnell der Rahmen zum „Lernen am anderen Ort" werden.

ZIELE DER METHODE

- In Kommunikation mit Mitschüler*innen treten
- Perspektivwechsel und entdeckendes Lernen fördern
- Körperliche Aktivierung
- Anwenden von Theorien in der Lebenswirklichkeit

ABLAUF DER METHODE

- Für diese Methode müssen die Schüler*innen in einem Alter sein, in dem sie sich selbstverantwortlich in ihrer Umgebung bewegen können.

- Erstelle eine klare, aber möglichst offene Aufgabenstellung, für die die Schüler*innen das Haus verlassen (müssen).

- Vergiss nicht, Rahmenbedingungen, Sicherheitshinweise sowie den zeitlichen Rahmen zu klären! Dazu gehören:

  - Verhalten im Straßenverkehr
  - Tragen von wettergerechter Kleidung
  - Informieren der Erziehungsberechtigten

- Beispiel für die Aufgabenstellung: Gehe spazieren und höre dabei einen (fremdsprachigen, politischen, wissenschaftlichen etc.) Podcast. Ein anderes Beispiel wäre: Erstelle ein LandArt (Arrangieren von in der Natur vorgefundenen Materialien).

- Die Ergebnissicherung kann in Form von Fotos, einer gesprochenen Selbstreflexion in einem Video oder eines Gedankenprotokolls stattfinden.

- Mögliche Reflexionsfragen für die Metakognition: Was nehme ich aus diesem Spaziergang mit? Was möchte ich gern noch genauer untersuchen?

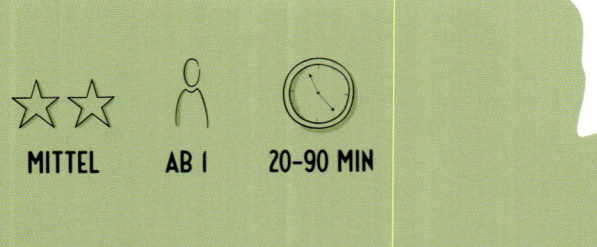

MITTEL **AB 1** **20–90 MIN**

MÖGLICHE VARIATIONEN

Weitere Ideen für Aufgabenstellungen:

- Berechne den Winkel einer Straßenkreuzung und gleiche diesen mit einer Karte ab.

- Fotografiere Wahlplakate, Fachwerkhäuser, Denkmäler und erstelle daraus eine Collage oder ein Plakat.

- Bestimme dir unbekannte Pflanzen mit einer App oder einem Bestimmungsbuch.

- Diskutiere in einem „GehSpräch" (Telefongespräch beim Spazieren) mit Mitschüler*innen über eine Fragestellung.

PRAXIS-TIPP FÜR DEINE MODERATION

Bei Spaziergängen gefundene Blätter, Steine oder andere Gegenstände können in der nächsten Videokonferenz zum Warm-Up verwendet werden, indem jede*r den Gegenstand zeigt und die passende Geschichte dazu erzählt.

**Johannes Kaiser
Lehrer & Trainer bei beWirken**

Das sprechende Buch
bewirken.org/a16

DIGITALE MINDMAP

KREATIV UND STRUKTURIERT ARBEITEN

Jeder Mensch kennt sie, doch nicht jeder nutzt sie. Dabei ist die Mindmap gerade in Breakout-Räumen eine nicht zu unterschätzende Methode. Die Methode geht auf den britischen Autor und Trainer Tony Buzon zurück. Der Vorteil der Methode ist, dass im Gegensatz zum bloßen Brainstorming, Ideen und Gedanken kategorisiert werden können. So werden Zusammenhänge auch für Außenstehende ersichtlich. Zusätzlich kann die Gruppe im Nachhinein eigene Gedankengänge besser nachvollziehen. Die digitale Mindmap fungiert als eine Art Übersichtskarte. Aus diesem Grund ist die Methode besonders wertvoll, um komplexe Inhalte zu simplifizieren oder Ideen zu konkretisieren. So erschließen sich die Lernenden eigenständig wesentliche Inhalte und nächste Schritte.

ZIELE DER METHODE

- Lernende müssen sich auf wesentliche Inhalte einigen
- Kreativ und visuell Erlerntes Anwenden
- Ideen und Gedanken strukturieren

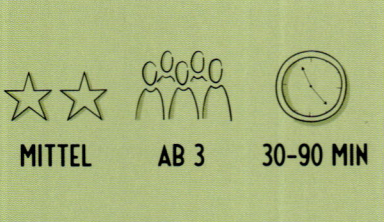

MITTEL **AB 3** **30–90 MIN**

- Ergebnissicherung
- Lernende erschließen sich im Austausch eigenständig komplexe Inhalte und Strategien zur Problemlösung

WAS BRAUCHE ICH DAZU?

Grundvoraussetzung ist die Nutzung eines Board-Tools – hierfür funktionieren sowohl viele eingeschränkte als auch freie Board-Tools. Außerdem sollte das Erstellen einer Mindmap im Unterricht bereits thematisiert worden sein.

ABLAUF DER METHODE

- Die Lehrkraft klärt als Ausgangspunkt den Arbeitsauftrag, z.B. das Strukturieren eines Brainstormings, das Entwickeln von Lösungen für eine Problemstellung, die visuelle Zusammenfassung eines Unterrichtsthemas oder eines Sachtextes.

- Die Lernenden werden in Breakout-Räume eingeteilt (z.B. in Viererkonstellationen).

- Anschließend besprechen die Lernenden selbständig ihr Vorgehen und wählen einen zentralen Begriff oder eine Fragestellung, welche sie in der Mitte von ihrem Arbeitsbereich positionieren (z.B. mit digitalen Notizzetteln).

- Dann ergänzen die Lernenden ihre Ideen, entwickeln Unterkategorien und stellen Zusammenhänge her (z.B. durch Pfeile). Besonders effektiv wird die Mindmap,

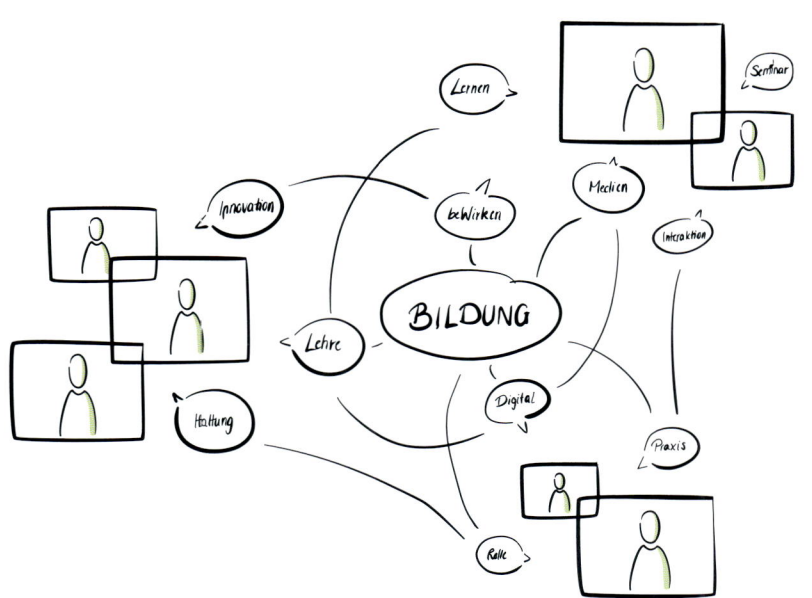

PRAXIS-TIPP FÜR DEINE MODERATION

Für diese Methode ist es hilfreich, wenn die Lernenden bereits Erfahrung im Umgang mit einem Board-Tool haben. Auf freien Board-Tools kann die gesamte Klasse gut gemeinsam arbeiten (jede Gruppe an einer anderen Stelle des Boards), bei eingeschränkten Board-Tools bietet es sich an, dass jede Gruppe auf einem eigenen Board arbeitet.

Jonas Lohse
Dozent & Trainer bei beWirken

wenn neben reinem Text auch Zeichnungen und Bilder integriert werden. Hier liegt ein Vorteil der digitalen Mindmap: Über die meisten Board-Tools können Fotos oder Icons hinzugefügt werden. In „freien" Board-Tools ist häufig sogar direkt eine Bildersammlung integriert.

- Nach dem Beenden der Gruppenarbeit in Breakout-Räumen (empfohlene Mindestlänge 25 Minuten) haben die Lernenden die Möglichkeit, ihre Mindmap den anderen Gruppen im Plenum vorzustellen und über die Bildschirmfreigabe-Funktion auch direkt visuell mit ihren Mitlernenden zu teilen.

MÖGLICHE VARIATIONEN

- Gerade wenn mit der digitalen Mindmap Impulse und Projektideen bearbeitet werden, können die Gruppen nach einem Feedback aus dem Plenum in eine zweite Runde gehen. Dadurch hat jede Gruppe die Möglichkeit, das Feedback mit einzubeziehen und die eigene Idee zu optimieren.

- Die digitale Mindmap kann besonders sinnvoll im „Flipped Classroom" eingesetzt werden. So können vorgelagerte Unterrichtsinhalte durch die Mindmap verstanden und vertieft werden.

BRAINWRITING

FÜLLE DEN IDEENPOOL

Das Brainwriting ist eine Abwandlung des Brainstormings: Hier werden möglichst viele Ideen zu einem definierten Problem statt auf Zuruf schriftlich gesammelt. Daher kann die Methode theoretisch mit unendlich vielen Personen gleichzeitig durchgeführt werden und eignet sich gut für die digitale Verwendung. Bei dieser klassischen Kreativitätstechnik gibt es zwei formalisierte, recht aufwendige Varianten, die wir als mögliche spannende Variationen für die digitale Anwendung unten vorstellen. Brainwriting lässt sich aber auch ohne großen Vorbereitungsaufwand einfach im Chat durchführen.

ZIELE DER METHODE

- Freie und kreative Ideensammlung
- Selbstständige Themenerarbeitung
- Inklusive Methode für Gruppen mit unterschiedlichen Kommunikationsvorlieben

ABLAUF DER METHODE

- Formuliere eine Leitfrage für die Ideensammlung. Sie sollte klar und präzise formuliert sein, aber genug Raum für kreative Ideen und Assoziationen lassen. Beispiel: „Wie kann der Schulalltag so organisiert werden, dass er mehr Raum für verschiedene Lernformen und Bedürfnisse der Schüler*innen lässt?"

- Die Teilnehmenden sollen nun im Chat Ideen und Assoziationen zu der Leitfrage sammeln. Lasse ihnen dafür ruhig etwas Zeit, manche Menschen brauchen einen Moment, bis die Assoziationen fließen.

- Schaue nach der Brainwriting-Phase gemeinsam mit den Teilnehmenden auf die Ergebnisse und würdige die Vielfalt.

- Wenn mit den Ideen weitergearbeitet werden soll, kannst du die Teilnehmenden beispielsweise bitten, dass sie nun ihre drei Lieblingspunkte im Chat aufschreiben und auf dein Kommando gleichzeitig abschicken sollen (das ist wichtig, damit sich die Teilnehmenden nicht gegenseitig beeinflussen). Zu den am häufigsten genannten Punkten könnten dann Arbeitsgruppen gebildet werden, die die Ideen in einem kreativen Prozess weiter ausgestalten.

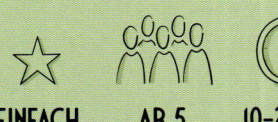

EINFACH **AB 5** **10–20 MIN**

TIPPS FÜR DIE MODERATION

Ermutige die Teilnehmenden, auch an die Ideen und Assoziationen anderer anzuknüpfen und diese weiterzuentwickeln. Mache außerdem deutlich, dass es keine richtigen oder falschen Antworten gibt, sondern es um eine freie Sammlung geht. Manchmal kann außerdem Anonymität im Prozess helfen. In diesem Fall kannst du anstelle des Chats z.B. ein digitales Dokument oder Board-Tool verwenden.

MÖGLICHE VARIATIONEN

Im Brainwriting gibt es zwei strukturiertere Varianten, die etwas mehr Vorbereitungs- und Durchführungszeit benötigen, aber noch mehr Ideen produzieren.

Methode 635 – Lege in einem Board-Tool Blätter/Frames in der Anzahl der Teilnehmenden an. In fünf Minuten sollen nun alle Personen auf jeweils einem Blatt drei Ideen zur formulierten Leitfrage (siehe oben) sammeln. Danach werden die Blätter in einer festgelegten Reihenfolge (z.B. ein Blatt nach rechts) gewechselt und in den nächsten fünf Minuten drei weitere Ideen auf dem nächsten Blatt gesammelt, die sich gerne auf die schon notierten Ideen beziehen dürfen. Das Ganze wird insgesamt sechs Mal durchgeführt (ca. 30 Minuten). Danach werden die Ideen ausgewertet. Diese Variante hat den Vorteil, dass sich die Ideen stark aufeinander beziehen.

Collective Notebook – Alle Teilnehmenden sollen innerhalb einer festgelegten Frist (z.B. innerhalb eines Tages) möglichst viele Ideen zur formulierten Leitfrage in einem eigenen Dokument sammeln. Es ist auch möglich, ein gemeinsames Dokument zu verwenden, sodass sich die Teilnehmenden aufeinander beziehen können. Diese Variante funktioniert auch asynchron, allerdings ist die Auswertung hier aufwendiger.

LERNBOARD #KANBAN

SELBSTORGANISIERTES LERNEN DURCH TRANSPARENZ UND SYSTEM

Lernboards mit der Kanban-Methode bieten den Einstieg in eine neue Form von Lernen und Lehren, da sie im Grunde eine Umkehr der klassischen Form von Unterricht erfordern. Im klassischen Lehrkonzept steuert die Lehrkraft den Lerninhalt, die Geschwindigkeit und auch die Reihenfolge von Übungen oder Aufgaben. Was im Präsenzunterricht schon schwer genug ist, wird im Hybrid- und Fernunterricht zur Mammut-aufgabe und ist kaum sinnvoll darstellbar.

Hier kommt die Logik und Magie der Kanban-Methode ins Spiel. Das Kanban-Prinzip stammt ursprünglich aus der Opti-mierung von Produktionsprozessen, später wurde es auch in der agilen Selbstorganisation von Teams eingesetzt. Es kehrt das „Push"-Prinzip (Drücken) in ein „Pull"-Prinzip (Holen) um. Kerngedanke ist also, dass Schüler*innen sich neue Aufgaben, später sogar neue Lernthemen selbst zuteilen. Das Lernboard dient dabei als Instrument der Sortierung, Priorisierung und auch der Transparenz über Fortschritt und Ziele. Die Rolle der Lehrkraft verändert sich dabei von einer anleitenden zu einer begleitenden Rolle. Ihre Aufgaben liegen vor allem in der Vor-bereitung und Auswahl von möglichen Lern- und Aufgaben-bausteinen.

Ein Kanban-Board besteht immer aus Spalten, die jeweils einen bestimmten Prozessabschnitt oder einen Zustand beschreiben (z.B. „geplant" oder „erledigt"). Mit Karten werden den jeweiligen Spalten Aufgaben oder Lernpakete zugeord-net, um zu visualisieren, in welcher Phase sie sich gerade befinden. Die Karten wandern von links nach rechts durch das Board und werden für gewöhnlich durch die Schüler*innen oder Lerngruppen eigenverantwortlich weitergeschoben.

ZIELE DER METHODE

- Lernen von Selbstorganisation und Selbstwirksamkeit
- Schutz vor Überforderung durch klare Priorisierung
- Verstehen und visualisieren von Lernpfad und Erfolgen
- Reflektieren und verbessern des Lernprozesses
- Vertrauen und Verbindlichkeit durch Transparenz

WAS BRAUCHE ICH DAZU?

Diese Methode ist sowohl im Online-Unterricht als auch in Präsenz einsetzbar und lässt sich auf einer Tafel, einem White-board oder einer Pinnwand etablieren, auf der mit Klebezet-teln oder Moderationskarten gearbeitet wird.

SCHWER   AB 1   15–30 MIN   VORLAGEN

WEITER AUF DER NÄCHSTEN SEITE ...

Zum Start: Im ersten Schritt reichen drei Spalten: „Geplant", „In Umsetzung" und „Erledigt", um einen Lernprozess darzustellen. So kannst du die Methode erklären. Meist reicht das auch für den Anfang. Später kannst du weitere Spalten ergänzen.

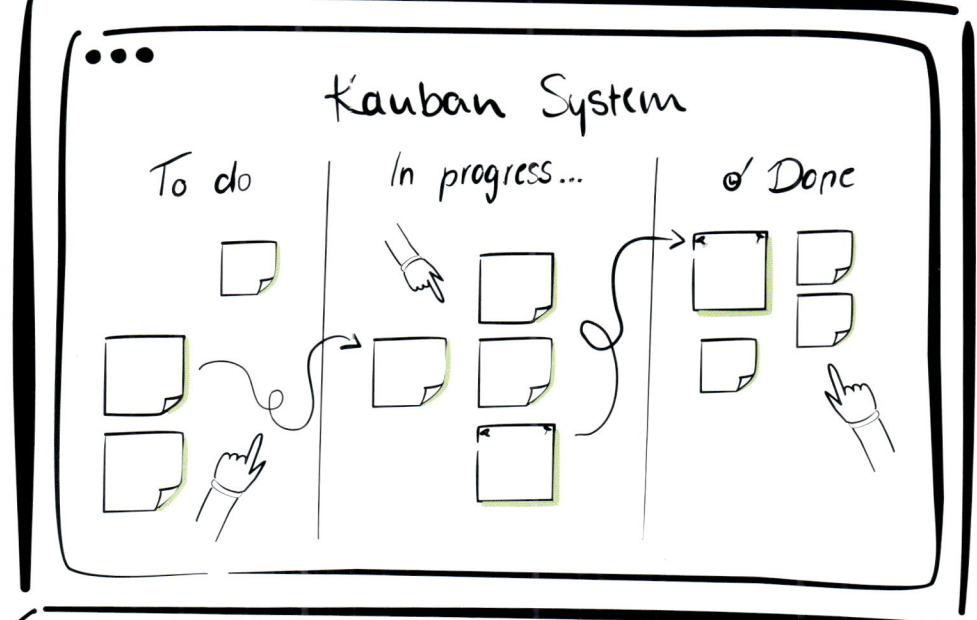

ABLAUF DER METHODE

- Vorbereiten eines Lernboards als Beispiel zur Einführung (digital oder analog als Tafel).

- Erste Aufgaben oder Themenpakete vorbereiten (in bestimmten Schulkonzepten kann ein Lernboard später auch genutzt werden, damit Schüler*innen sich ihre Aufgaben und Themen selbst entwickeln und dann auf dem Lernboard transparent machen).

- Mit den Schüler*innen die Nutzung des Lernboards an einem Beispiel durchgehen.

- Erste Aufgaben auswählen lassen und im synchronen oder asynchronen Unterricht (Flipped Classroom) bearbeiten lassen.

- Das Lernboard in den Unterricht einbauen (als Routine gemeinsam oder individuell mit Schüler*innen auf das Board blicken oder in Reflexionen darüber sprechen).

TIPPS FÜR DIE MODERATION

Kanban ist als Methode sehr einfach zu verstehen und auszuprobieren, die Folgen und Veränderungen im Lernprozess sind jedoch beträchtlich. Wir empfehlen daher, langsam und geduldig die Methode auszuprobieren. Sie kann letztlich deine Rolle als Lehrkraft und die Rolle der Schüler*innen deutlich verändern, was beide Seiten erst lernen müssen und am Anfang zu Problemen führen kann. Die Früchte einer langsamen Einführung sind jedoch beträchtlich und können das Lernen in deinem Unterricht für immer verändern.

MÖGLICHE VARIATION

Das Lernboard an sich kann selbst gestaltet werden. Weitere Prozessschritte können mit neuen Spalten ergänzt werden – es gibt fast keine Form, die nicht denkbar ist. Auf unserer Materialseite und im Internet findest du tolle Inspirationen.

Das sprechende Buch
bewirken.org/a17

REFLEXION
SELBSTORGANISATION

Wir laden dich ein, hier einen Moment inne zu halten. Vielleicht legst du gleich einmal das Buch zur Seite, gehst eine Runde spazieren oder machst es dir gemütlich. Die Frage, wie wir auf das Thema „Selbstorganisation" blicken, hat viel mit unserer Haltung zu tun und reicht damit weit über unsere Zeit in Schule hinaus. Deshalb ist das Thema auch in Organisationen eines der meist diskutierten in den letzten Jahren. Jeder hat einen unterschiedlichen Antrieb und auch eine unterschiedliche Fähigkeit der Selbstorganisation, aber ist es nicht unsere Aufgabe, genau diese Kompetenz in Schule zu lernen? Wie selbstständig können Schüler*innen an deiner Schule lernen, über Inhalte entscheiden, Lernmethoden oder Ergebnisse beeinflussen? Würdest du ihnen das zutrauen? Warum würdest du ihnen das (nicht) zutrauen? Wie eigenständig bist du eigentlich in deinen Entscheidungen über die Gestaltung von Unterricht? Was hindert dich und kannst du daran etwas ändern?

GLÜCKSRAD

DURCH ZUFALL FRISCHEN WIND IN DIE LERNSESSION BRINGEN

Sprechanlässe zu schaffen ist oft gar nicht so leicht – erst recht nicht im Online-Unterricht. Und Wortmeldungen so zu vergeben, dass sich niemand unfair behandelt fühlt, ist eine besondere Kunst. Mit dieser Methode ist das Glück auf deiner Seite: Beziehe Schüler*innen nach dem Zufallsprinzip in Gespräche mit ein! Der Zufallscharakter des Glücksrads entbindet dich von deiner Bürde und macht den Gesprächsverlauf der Klasse transparent. Diese Methode hilft in eine Rolle der Lernbegleitung zu kommen, du gibst Macht gegen Zufall ab.

ZIELE DER METHODE

- Diskussionsanlässe schaffen
- Spielerisch aktivieren
- Für unterrichtliche sowie persönliche Themen

WAS BRAUCHE ICH DAZU?

Ein Tool, das über die Funktion der Zufallsauswahl verfügt, z.B. „Random Picker Wheel" oder „Classroom-Screen", es gibt aber auch digitale Würfel oder man kann mit einem Board-Tool bestimmte Themen, die verdeckt sind, mit Nummern vorbereiten und Schüler*innen entscheiden sich für eine Nummer. Hier sind der Phantasie keine Grenzen gesetzt, Spannung und ein spielerisches Element in den Raum zu bringen.

ABLAUF DER METHODE

- Vorbereitend wählt die Lehrkraft ein Tool aus, das über die Funktion der Zufallsauswahl verfügt.

- Die Lehrkraft pflegt eine Reihe von Begriffen ein (z.B. Vornamen der Schüler*innen, Fachbegriffe des Unterrichtsfachs, Themen der letzten Stunde, Tiernamen, Jahreszahlen ...).

- Im Unterricht selbst wird das Tool durch Bildschirmfreigabe der Klasse präsentiert, sodass diese alle Auslosungen live mitverfolgen kann.

- Durch die Auswahlfunktion wird von der Lehrkraft ein Begriff oder Name zufällig ausgewählt. Dieser stellt den Ausgang für den nächsten Redebeitrag dar.

- Wenn keine Vornamen, sondern Begriffe eingetragen sind, wird am besten vor jeder Auslosung bestimmt, wer als nächstes spricht.

MITTEL

2-50

3-15 MIN

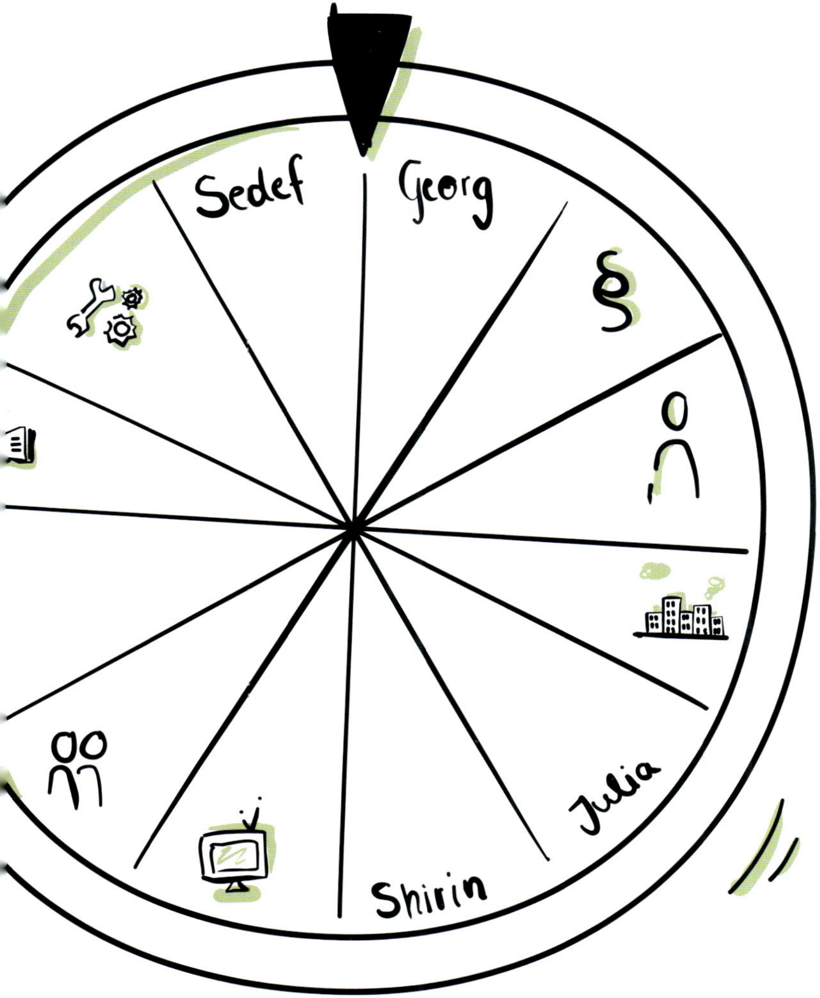

NUTZBAR AUCH IN PRÄSENZ

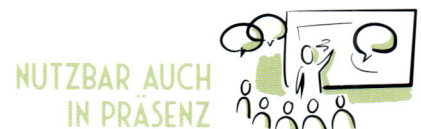

TIPPS FÜR DIE MODERATION

Das Glücksrad ist besonders wirkungsvoll, wenn es von den Schüler*innen angstfrei angenommen werden kann. Vermeide eine Einführung als Abfragetool und setze es stattdessen vor allem zu Beginn für leichte Gesprächsthemen ein, sodass es mit positiven Erfahrungen assoziiert wird.

MÖGLICHE VARIATIONEN

- **Unterrichtsbezogen** – „Was fällt dir zu folgendem Thema aus der letzten Stunde noch ein?" oder „Wie lässt sich folgender Begriff am besten erklären?"
- **Spielerisch-aktivierend** – „Was hast du mit folgendem Tier gemeinsam?" oder „Was war dein persönliches Highlight im Jahr XY?"
- **Aufruffunktion** – „Folgende Person erzählt uns, welcher Film sie als letztes begeistert hat" oder „Folgende Person gibt ein Feedback zum Referat"
- Die Glücksrad-Methode kann auch gut für zufällige Gruppenzuteilung genutzt werden.

PROJEKT-CANVAS

EIGENE (LERN-)PROJEKTE STRUKTURIERT PLANEN

Das Projekt-Canvas eignet sich für die Projektarbeit und ist eine gute Möglichkeit, ein entstehendes Projekt in einer einfachen Übersicht zu ordnen und Fragen oder fehlende Punkte zu klären. Das Canvas kann dabei als einmalige Methode oder auch im Projektplanungsprozess immer wieder genutzt und angepasst werden, wenn sich das Projekt verändert. Unser Projekt-Canvas ist eine Version, die auf dem „Business Model Canvas" und dem „Lean Canvas" sowie unseren eigenen Erfahrungen beruht.

ZIELE DER METHODE

- Unterstützung der Projektplanung
- Strukturierte Projektübersicht schaffen
- Wichtige Punkte eines Projekts identifizieren und klären

WAS BRAUCHE ICH DAZU?

- Das Projekt-Canvas eignet sich als Methode, wenn bereits eine grobe Projektidee besteht oder z.B. das Thema für eine Lernreise. Das Canvas dient dann der Konkretisierung hin zu einem realisierbaren (Lern-)Projekt.

- Du benötigst eine Vorlage für ein Projekt-Canvas, die du in einem freien Board-Tool platzierst (die Schüler*innen können diese dann mit digitalen Klebezetteln ausfüllen). In unseren Download-Vorlagen findest du eine Bilddatei, die du dafür nutzen kannst. Wenn du analog mit dem Projekt-Canvas arbeiten willst, kannst du dieses gerne auch über die beWirken-Website bestellen.

- Unserer Erfahrung nach eignet sich die Methode ab der 8. Klasse. Je jünger die Schüler*innen sind, umso mehr Unterstützung benötigen sie beim Ausfüllen.

ABLAUF DER METHODE

- Das Projekt-Canvas sollte in Kleingruppen bearbeitet werden (maximal sechs Personen). Lernende können dies entweder in ihrer individuellen Lernzeit bearbeiten oder, wenn es Teil einer Unterrichtseinheit ist, in Breakout-Räumen entsprechend ihrer Projektgruppen.

- Es empfiehlt sich, dass zunächst jeder für sich das Canvas ausfüllt und anschließend gemeinsam in der Gruppe darauf geschaut und ergänzt wird. Hierfür kann man zunächst in der auf dem Canvas abgebildeten Reihenfolge vorgehen (die Felder sind nummeriert). Gerade im fortschreitenden Prozess lässt sich vieles aber auch gut gleichzeitig bearbeiten.

| SCHWER | GRUPPE | 30-60 MIN | VORLAGEN |

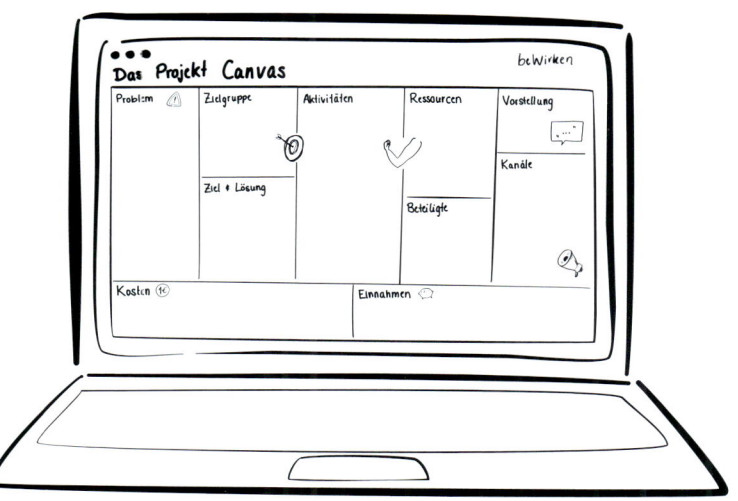

- Wir empfehlen eine Bearbeitungszeit von mindestens 30 Minuten – je nach Komplexität der Projekte kann aber auch länger an dem Canvas gearbeitet werden.

- Als Zwischenschritt können sich die Kleingruppen gegenseitig Feedback geben. Dafür können jeweils zwei Gruppen in Breakout-Räumen zusammenkommen und die Rückmeldung anschließend in ihr Projekt-Canvas integrieren.

- Das Canvas ist ein Instrument, das auch nach einem ersten Ausfüllen weiter bearbeitet werden kann. Es kann dabei helfen, die einzelnen Bereiche des Projektes, in denen noch ungeklärte Fragen oder fehlende Informationen vorliegen, zu klären und so für das Projekt abzusichern.

WEITER AUF DER NÄCHSTEN SEITE ...

PRAXIS-TIPP FÜR DEINE MODERATION

Gerade, wenn Schüler*innen noch nicht so vertraut damit sind, Projekte zu entwickeln und Planungsaspekte realistisch abzuschätzen, ist deine Unterstützung gefragt. Mit Nachfragen, eigenen Erfahrungen oder Beispielen kannst du sie darauf stoßen, welche Punkte noch fehlen. Achte jedoch darauf, dass du ihnen mit deinen Anregungen die Möglichkeit gibst, selbst herauszufinden, was sie brauchen.

Judith Holle
Pädagogische Leitung beWirken

TIPPS FÜR DIE MODERATION

Die Prozesshaftigkeit und Veränderbarkeit ist eine zentrale Eigenschaft des Projekt-Canvas. Auch analog wird deshalb auf einem Projekt-Canvas mit Klebezetteln gearbeitet, um einzelne Punkte flexibel verändern und umsortieren zu können.

MÖGLICHE VARIATIONEN

Je nach Rahmen des Projektes sind möglicherweise einzelne Bereiche des Projekt-Canvas überflüssig und andere, nicht vorhandene, wären hilfreich. Das Projekt-Canvas kann deshalb je nach Situation individuell angepasst werden.

Der Beginn und Katalysator für den Trend des Canvas-Prinzips ist das „Business Modell Canvas", wir empfehlen dazu das Grundlagenbuch (s.u.). Wenn du tiefer in kreative Prozessarbeit einsteigen möchtest, schnuppere doch mal in „Design Thinking" rein:

Osterwalder, Alexander & Pigneur, Yves: Business Model Generation – Ein Handbuch für Visionäre, Spielveränderer und Herausforderer (2011).

Uebernickel, Falk; Brenner, Walter; Pukall, Britta; et al: Design Thinking - Das Handbuch (2011).

Canvas als ultimatives Lerntool: Das Projekt-Canvas ist nur eine mögliche Form des Canvas-Formats. Eigentlich heißt „Canvas" übersetzt aus dem altgriechischen „Hanf" und daraus waren Leinwände gemacht. Es ist also nichts anderes als eine Leinwand. Es gibt mittlerweile eine ganze Reihe von Canvas-Vorlagen für verschiedene Prozesse und Anwendungsfälle. Eines eint sie alle: Sie dienen der Erarbeitung und der Übersicht, sie helfen Dinge zu konkretisieren und zu überprüfen. Gleichzeitig wird durch die Visualisierung auf einer Leinwand eine gute Diskussions- und Feedback-Grundlage geschaffen, um das Erarbeitete zu überprüfen und weiterzuentwickeln. Einige Board-Tools haben verschiedene Vorlagen. Probier doch einfach nach dem Projekt-Canvas ein weiteres Canvas aus. Für die Methode Perspektivwechsel-Interviews in diesem Buch empfiehlt sich beispielsweise die „Empathy Map" – ein Canvas, um Bedürfnisse von Personen zu visualisieren.

Das sprechende Buch
bewirken.org/a18

DAS PROJEKT-CANVAS GIBT'S AUCH ALS VORLAGE

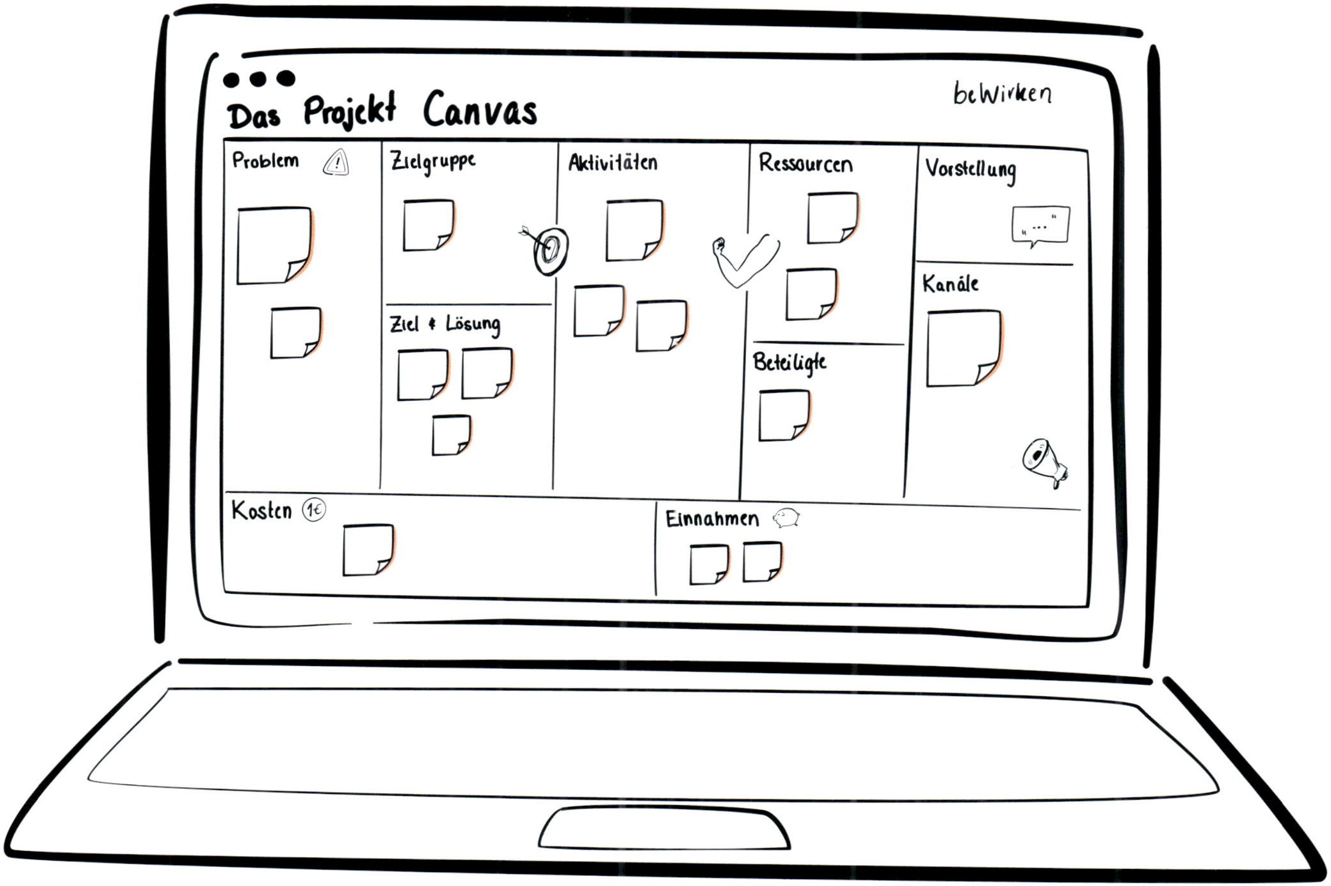

TEIL 3 — METHODEN

CHECK-OUT
— METHODEN ZUM ABSCHLUSS
FÜR REFLEXION & TRANSFER

EINFÜHRUNG

RAUM FÜR REFLEXION, FEEDBACK UND GUTE ÜBERGÄNGE SCHAFFEN

Der Check-Out ist ähnlich wie der Check-In ein häufig übersehenes Element von guten Gruppenprozessen und Lernräumen und hier deshalb auch als eigenes Kapitel mit entsprechenden Methoden im Buch. Es hat eine enorme Wirkung, die Schüler*innen zum Abschluss einer Lernsequenz wieder in ihre eigenen Reflexionsprozesse und Eigenverantwortung zu führen. Natürlich haben gute Lernräume auch grundsätzlich diese Aufgabe, diese Methoden können daher auch während einer Lernsession hilfreich sein. In selbstorganisierten Lernprozessen sind die gemeinsamen Stunden sogar häufig hauptsächlich für solchen Austausch vorgesehen.

Der Abschluss einer Stunde kann in jedem Fall mit einem guten Check-Out noch einmal an Kraft und Wirkung gewinnen. Im hybriden sowie im Online-Unterricht ist der Check-Out außerdem die einzige Gelegenheit für die Schüler*innen, einen Übergang zu gestalten zwischen Schule und Alltag oder verschiedenen Lernthemen, da hier sonst kein räumlicher oder zeitlicher Puffer vorhanden ist.

Was wir dir aus unserer Erfahrung noch zum Ausprobieren mitgeben möchten: Plane genug Zeit für diese Phase ein, damit beispielsweise nicht der „Pausengong" die Dynamik zerbricht. Wir wünschen dir viel Erfolg beim Ausprobieren.

FUNKTIONEN DES LERNRAUMS

- Bewusster gemeinsamer Abschluss (Gemeinschaft)
- Organisatorische Hilfe für die Rahmung von Lernprozessen
- Metareflexion von Lernprozessen und eigener Entwicklung
- Puffer und Zeit zum Verarbeiten und Entfernen aus dem Lernraum (nur online)
- Spannungsbogen für weiteren Lernprozess erzeugen
- „Abspeichern" von Erlebnissen im gemeinsamen Lernraum
- Gegenseitiges Feedback oder Abgleich mit persönlichen Erwartungen

Das sprechende Buch
bewirken.org/a19

INHALT

AUDIO-FEEDBACK

FEEDBACK GEBEN UND EINFORDERN

Du fragst dich sicher auch, ob Korrekturhinweise mit dem Rotstift wirklich zu einer Weiterentwicklung bei Lernenden führen? Eine Rückmeldung oder Leistungsbewertung findet oft am Ende des Lernprozesses statt ohne die Chance, Veränderungen vorzunehmen oder sich zu verbessern. Besonders im Distanzunterricht ist Feedback durch Lehrkräfte und Mitschüler*innen essenziell. Komplexe Aufgabenstellungen werden von den Heranwachsenden in Selbstorganisation oder Gruppen bearbeitet und abgegeben. Audio-Feedback ermöglicht eine lernwirksame, umfangreiche und persönliche Unterstützung, die durch die Schüler*innen zu einem beliebigen Zeitpunkt mehrmals angehört werden kann. Wertschätzung kann besser transportiert werden als durch Korrekturhinweise mit dem Rotstift. Individuelle Entwicklungsschritte werden transparent dargelegt und Motivation für ein verbessertes Lernen geschaffen. Gleichzeitig geht es für dich vielleicht sogar schneller, eine gesprochene Nachricht aufzunehmen, statt lange Texte zu formulieren.

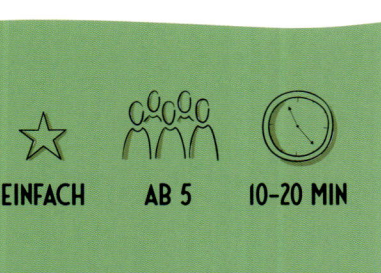

EINFACH   **AB 5**   **10-20 MIN**

ZIELE DER METHODE

- Förderung eines niedrigschwelligen Austausches zwischen Lehrkraft und Schüler*innen oder untereinander
- Schaffen einer Vertrauensbasis
- Signalisierung von ernsthaftem Interesse am Lernfortschritt der Schüler*innen
- Sichtbarkeit individueller Lernfortschritte sowie Anregung zur Selbstreflexion
- Stärkung der Teilhabemöglichkeiten an der Unterrichtsgestaltung und Selbstwirksamkeitserfahrung

WAS BRAUCHE ICH DAZU?

Wähle ein Tool für die Aufnahme von Audionachrichten aus. Ganz einfach funktioniert auch die Sprachmemo-Funktion deines Smartphones.

ABLAUF DER METHODE

- Nimm dein Audio-Feedback auf. Zusätzlich zum Audio-Feedback können Text- und Foto-Feedback sowie ein Weblink hinzugefügt werden (Abhängig vom Tool).
- Teile das Feedback per QR-Code, Link oder mp3-Datei via E-Mail oder über die Lernplattform.

Das sprechende Buch
bewirken.org/a20

 TIPPS FÜR DIE MODERATION

Auch Lehrkräfte sollten sich so oft wie möglich (anonymes) Feedback einholen, um den Unterricht an das Leistungsniveau der Schüler*innen und die besonderen Bedürfnisse der Klasse anzupassen.

 MÖGLICHE VARIATIONEN

Eine Ausbaumöglichkeit wäre auf Peer-Feedback zu setzen, d.h. mit Schüler*innen im Vorfeld einer Aufgabe gemeinsame Bewertungs- oder Feedback-Kriterien abzustecken sowie Regeln des Feedbackgebens zu besprechen. Gegenseitige Rückmeldungen werden anschließend in den Lernprozess eingebunden. Ebenfalls denkbar wäre ein Videofeedback, z.B. über dein Smartphone oder ein anderes Tool für die Aufnahme von Video und Ton über deinen Computer.

BLITZLICHT

SO KANNST DU EIN SCHNELLES STIMMUNGSBILD EINFANGEN

Die Blitzlicht-Methode kommt ursprünglich aus der Erwachsenenbildung, lässt sich jedoch auch gut mit jüngeren Teilnehmenden nutzen. Sie dient der Kommunikation in der Gruppe und zur Beteiligung der Teilnehmenden an der Gestaltung von Lernprozessen. Das Blitzlicht kann in verschiedenen Lernphasen genutzt werden – zu Beginn, beispielsweise als Erwartungsabfrage, zur Zwischenevaluation und zum Sichtbarmachen von Meinungen und Stimmungen oder am Ende von Lernphasen zur Kollektivierung von Erkenntnissen und Erfahrungen oder als Abschlussreflexion.

ZIELE DER METHODE

- Offene Kommunikation in der Lerngruppe
- Bedürfnisse der Gruppe sichtbar machen
- Kollektivierung von Erkenntnissen und Erfahrungen
- Reflexion und Feedback anregen

EINFACH　**AB 2**　**5-10 MIN**　**VORLAGEN**

WAS BRAUCHE ICH DAZU?

Wenn du die unter „mögliche Variationen" vorgeschlagene digitale Variante zum Ankreuzen nutzt, bereite deine Fragestellung auf einem Board-Tool vor. Ein paar Beispiele und Vorlagen findest du bei unserem Material zum Downloaden. Für die klassische Variante musst du nichts weiter vorbereiten.

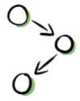

ABLAUF DER METHODE

- Stelle eine oder mehrere Fragen an die Gruppe. Fragen für das Feedback könnten zum Beispiel sein:
  - Was war für dich die wichtigste Erkenntnis heute?
  - Was hat dir gefehlt/was hättest du dir anders gewünscht?
  - Wie geht es dir jetzt?
- Der Reihe nach antwortet jede*r mit ein bis zwei Sätzen auf die Frage – ohne dass kommentiert wird.
- Wenn es sich um ein eher inhaltliches Blitzlicht handelt, kann anschließend über angesprochene Themen oder Probleme diskutiert und auf diese eigegangen werden.

TIPPS FÜR DIE MODERATION

- Die Fragen lassen sich beliebig gestalten, du kannst sie beispielsweise themenspezifischer formulieren oder zur Auflockerung nach dem lustigsten oder schönsten

Die Stunde heute war ...

...

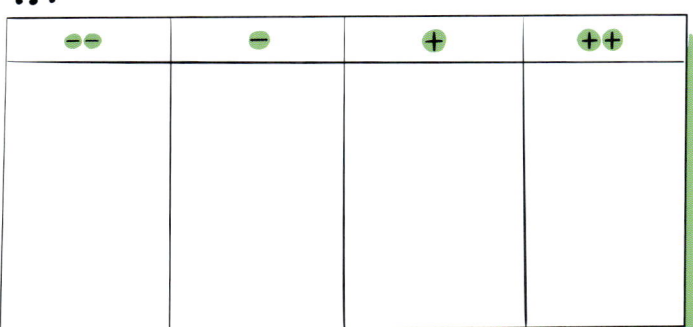

●●	●	+	++

Moment der Stunde fragen. Achte darauf, dass du mehrere Fragen zur Auswahl stellst damit die Lernenden nicht gezwungen werden, etwas zu beantworten, was sie nicht teilen möchten.

- Um die Redezeiten einzuhalten, kannst du ein echtes oder virtuelles Mikrofon (in die Kamera) halten – es darf nur solange gesprochen werden, wie es hochgehalten wird.

- Gerade wenn es um persönliche Fragen, wie Erwartungen, Meinungen oder Stimmungen geht, ist es wichtig, dass Ich-Botschaften genutzt werden und Äußerungen stehengelassen werden, ohne dass andere Lernende diese kommentieren. Dies ist wichtig für einen vertrauensvollen und geschützten Rahmen.

 MÖGLICHE VARIATIONEN

- Gerade in großen Gruppen kann das Blitzlicht verkürzt werden – so wird die Methode auch für den Klassenkontext gut nutzbar. Dann sagen nicht alle etwas, sondern nur wer möchte, damit sinkt auch der Druck.

- Eine andere Variante, bei der auch in größeren Gruppen jede*r zu Wort kommt, ohne dass es zu lange dauert, ist das schriftliche Blitzlicht. Dieses lässt sich in verschiedenen Varianten realisieren: Du kannst die Lernenden bitten, ihre Antwort in den Chat zu schreiben, eine Umfrage mit einem Tool erstellen oder du nutzt ein Board-Tool, auf dem du eine Fragestellung mit Antwortmöglichkeiten oder einer Skala vorbereitest, welche die Teilnehmenden ankreuzen können.

E-PORTFOLIO

KOLLABORATIV UNTERWEGS IM HYBRID- UND DISTANZUNTERRICHT

Ein E-Portfolio ist das Lernprodukt schlechthin, um kollaboratives, offenes und kreatives Arbeiten zu fördern. Es eignet sich zudem hervorragend als Möglichkeit zur Überprüfung des Lernfortschrittes im hybriden oder digitalen Fernunterricht. E-Portfolios stellen zielorientierte oder ergebnisoffene Sammlungen von multimedialen Inhalten (Text, Audio, Video, Verlinkungen zu weiteren Quellen) dar, die digital erstellt und präsentiert werden. Sie ermöglichen die Abbildung und Verknüpfung verschiedener Themen- und Kompetenzbereiche der Schüler*innen. Sie können gemeinsam zeit- und ortsunabhängig, aber ebenso zeitgleich in Kleingruppen daran arbeiten.

Das individuelle oder kollektive Ergebnis kann der Lehrkraft, einer anderen Gruppe oder der Öffentlichkeit präsentiert werden. E-Portfolios leben von einem stetigen Austausch und Rückmeldungen durch Lehrkraft und Lerngruppe, damit Reflexion und Weiterentwicklung angeregt werden. Kriterien für die Bewertung sollten vorweg transparent und bestenfalls gemeinsam mit den Schüler*innen abgesteckt werden.

ZIELE DER METHODE

- Anregung zur stetigen Reflexion des Lernprozesses
- Verknüpfung von kollaborativen, kreativen Kompetenzen und Selbstorganisation fördern
- Weiterentwicklung der Fähigkeiten zur Quellenrecherche, -bewertung und -aufbereitung
- Selbstgewählte, intensive Beschäftigung mit Thema

WAS BRAUCHE ICH DAZU?

Für das E-Portfolio bieten sich verschieden Board-Tools oder andere digitale Präsentations- oder Visualisierungsprogramme an, die am besten eine Kollaborationsfunktion haben.

Video: Wie könnte Portfolio-Arbeit aussehen? Dieses Beispiel zeigt die analoge Erstellung von Portfolios, gibt aber einen guten Einblick in die zentralen Aspekte der Portfolio-Arbeit: Die Selbstreflexion des eigenen Lernens.

Ein Beispiel für den Deutschunterricht findet sich hier: https://pruefungskultur.de/beispiel1.html

MITTEL **GRUPPE** **BEGLEITEND**

PRAXIS-TIPP FÜR DEINE MODERATION

Damit in Gruppenarbeiten nicht ein*e Schüler*in die Arbeit aller erledigt, sollten Meilensteine definiert werden, die als Punktwerte in die Bewertung einfließen und nicht ausschließlich das Endprodukt. Zu diesen Meilensteinen sollen einzelne Gruppenmitglieder ihren individuellen Anteil an der Gesamtleistung reflektieren und erläutern.

Marcel Burghardt
Geschäftsführer von Social Web mach Schule

ABLAUF DER METHODE

- Projekt oder Themenbereich im jeweiligen Unterrichtsfach auswählen

- Ziel, Zeitraum und Schwerpunkte der einzelnen Gruppen für die Projektarbeit am E-Portfolio abstecken

- Gemeinsam Bewertungskriterien aufstellen

- Tool zur Erstellung und Sammlung auswählen

- Stetiges Feedback einholen und geben sowie Fragen beantworten (durch die Lehrkraft und die Gruppen untereinander)

- Präsentation der Ergebnisse

 ## MÖGLICHE VARIATION

Das E-Portfolio kann auch als Vorbereitungsmaterial für eine Open-Media-Klausur im Distanz-, Hybrid- oder Präsenzunterricht genutzt werden, bei der alle Hilfsmittel erlaubt sind. Aufgabenstellungen können sich auf die Ausarbeitungen der Schüler*innen beziehen und eine Reflexion der Arbeit an den Portfolios einfordern.

EINE-MINUTE-BERICHT

REFLEKTIEREN, WORAUF ES ANKOMMT

Zugegeben, der Name ist etwas irreführend, aber was wirklich bei den Teilnehmenden angekommen ist, kannst du mit dieser Methode trotzdem in kürzester Zeit herausfinden. Wenn du unsicher bist, was die Schüler*innen mitnehmen und gerne eine strukturierte Rückmeldung zur Stunde hättest, dann ist der Eine-Minute-Bericht genau das richtige für den Abschluss einer Sequenz. Es ist dabei nicht nötig, wie der Name vermuten lässt, dass jeder mündlich berichtet, sondern die Methode lässt sich auch als stille Rückmeldung durchführen (auch anonym). Somit ist die Methode schnell und regelmäßig einsetzbar.

ZIELE DER METHODE

- Schüler*innen in die Selbstreflexion bringen
- Lernerfolg der Teilnehmenden abfragen
- Feedback einholen, um offene Fragen und Unterstützungsbedarf zu erkennen
- Deine Didaktik und Wissensvermittlung reflektieren

MITTEL   **2-20**   **5-10 MIN**

WAS BRAUCHE ICH DAZU?

Du brauchst dafür lediglich ein kleines Zeitfenster am Ende einer Lernsequenz, in der noch einmal kurz Ruhe und Fokus möglich sind. Diese nötige Aufmerksamkeit für eine eigene Reflexion kannst du auch durch eine gute Moderation einfordern. Im digitalen Unterricht können die Teilnehmenden ihre Antworten in den Chat einer Videokonferenz oder auf ein Board-Tool deiner Wahl schreiben. In Präsenz bietet es sich auch an, mit Klebezetteln oder Karten zu arbeiten, die an eine Wand oder Tafel gehängt werden können.

ABLAUF DER METHODE

- Am Ende eines Themas oder der Unterrichtseinheit bittest du die Teilnehmenden, Reflexionsfragen in schriftlicher Form zu beantworten.
- Am besten stellst du die Fragen und bittest alle, erst einmal kurz einen Moment nachzudenken und dann die Gedanken aufzuschreiben.
- Mögliche Fragen:
  - Was ist das Wichtigste, was ich (heute) gelernt habe?
  - Wo sind Fragen offengeblieben?
  - Was nehme ich mir für das nächste Mal oder bis zur nächsten Stunde vor?

- Versuche durch deine Moderation, Gruppengespräche oder laute Aktivitäten für den Moment einzustellen.

- Am besten betonst du noch einmal, dass Antworten nicht bewertet werden und lediglich der eigenen Reflexion und dir als Hilfestellung für die nächsten Lernsequenzen dienen. Du kannst den Teilnehmenden auch offen halten, ob sie ihre Namen nennen oder anonym antworten möchten.

- Es ist denkbar, die Antworten auch bei einer nächsten Startrunde beispielsweise mit der Methode „Lagerfeuer" noch einmal zu reflektieren.

 TIPPS FÜR DIE MODERATION

Achte darauf, dass die Teilnehmenden die Fragen ernst nehmen und auch einen fokussierten und ruhigen Raum haben, für sich Antworten zu formulieren. Zu Beginn kann das für junge Lernende eine Geduldsprobe sein und auch ungewohnt. Sei geduldig und nimm dir bei den ersten Malen mehr Zeit.

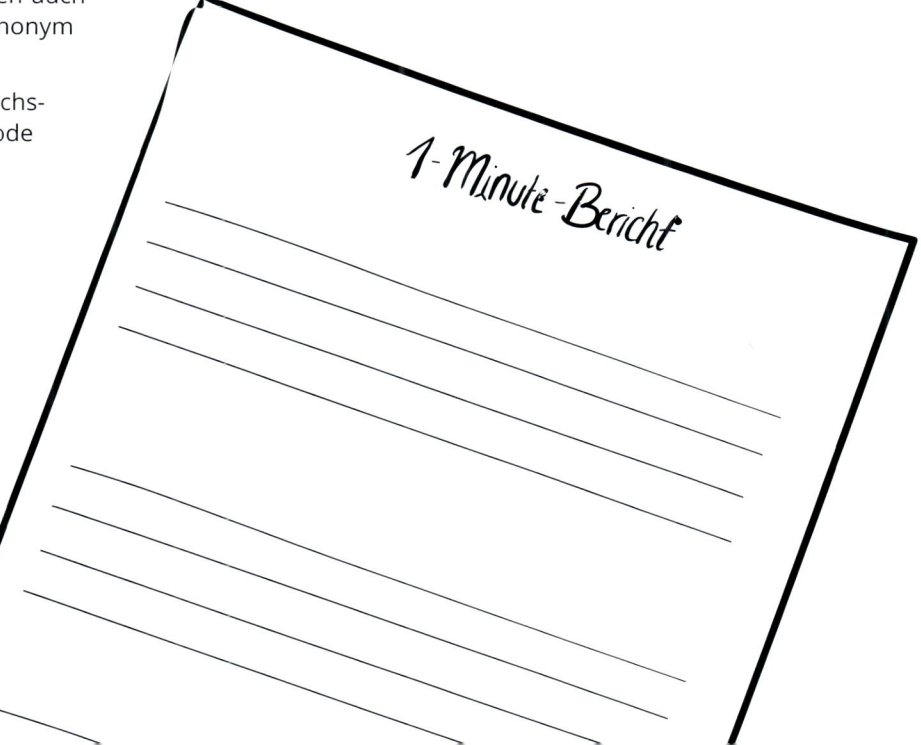

1-Minute-Bericht

CHECK-OUT – METHODEN ZUM ABSCHLUSS
FÜNF-FINGER-FEEDBACK

INHALTE REFLEKTIEREN UND FEEDBACK GEBEN LERNEN

Gute Lehre bezieht Evaluierung und Qualitätssicherung stets mit ein, auch im digitalen Klassenzimmer. Schüler*innen die Möglichkeit einzuräumen, gesehen und wertgeschätzt zu werden und Feedback abzugeben, sollte deshalb zu deiner täglichen Routine in deiner eigenen Prozessreflexion des digitalen Unterrichts werden. Das Fünf-Finger-Feedback ist eine leicht zu merkende und zügige Methode, um am Ende einer Online-Session oder auch einer ganzen Projektphase Feedback von deinen Schüler*innen zu erhalten. Gleichzeitig unterstützt sie auch die Lernenden dabei, Erlebtes noch einmal zu rekapitulieren und die eigenen Gedanken und Emotionen mit der Gruppe zu teilen.

ZIELE DER METHODE

- Lernprozess und -inhalte reflektieren und bewerten
- Sich seiner eigenen Emotionen bewusst werden
- Wir-Gefühl stärken

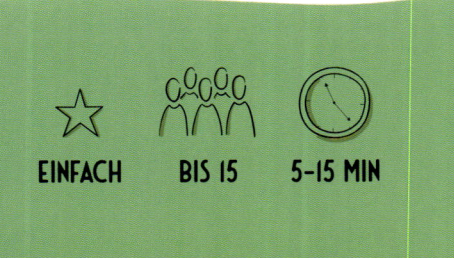

EINFACH   **BIS 15**   **5-15 MIN**

ABLAUF DER METHODE

Erläutere im Vorfeld die Methode an deiner eigenen Hand und frage deine Schüler*innen, was sie aus dieser Lerneinheit mitnehmen. Jede*r gibt nun Feedback anhand der fünf Finger:

- **Daumen**: Das fand ich super! (Z.B. einzelne Methoden)
- **Zeigefinger**: Da muss ich aufpassen! (Z.B. Konzentration, Kommunikation, Störungen, etc.)
- **Mittelfinger**: Das fand ich nicht gut! (Z.B. Methode, Thema, Aufgabe, etc.)
- **Ringfinger**: Das nehme ich mit! (Z.B. „Aha"-Erlebnisse)
- **Kleiner Finger**: Das kam zu kurz! (Z.B. Pause)

TIPPS FÜR DIE MODERATION

Sollten es deine Schüler*innen noch nicht gewohnt sein, regelmäßiges Feedback zu geben, kann es hilfreich sein, Ängste abzubauen (Feedback wird nicht von dir bewertet) sowie kleine Feedbackregeln aufzustellen: Keine persönlichen Beleidigungen, kein Auslachen oder Ähnliches. Für jüngere Lernende kann es auch hilfreich sein, die Hand mit den Feedbackfragen auf einem digitalen Whiteboard zu präsentieren (eine Vorlage hierfür findest du in unserem Download-Material) und natürlich darfst auch du gerne Feedback geben, um deinen Schüler*innen zurück zu spiegeln, wie du die Session mit ihnen empfunden hast.

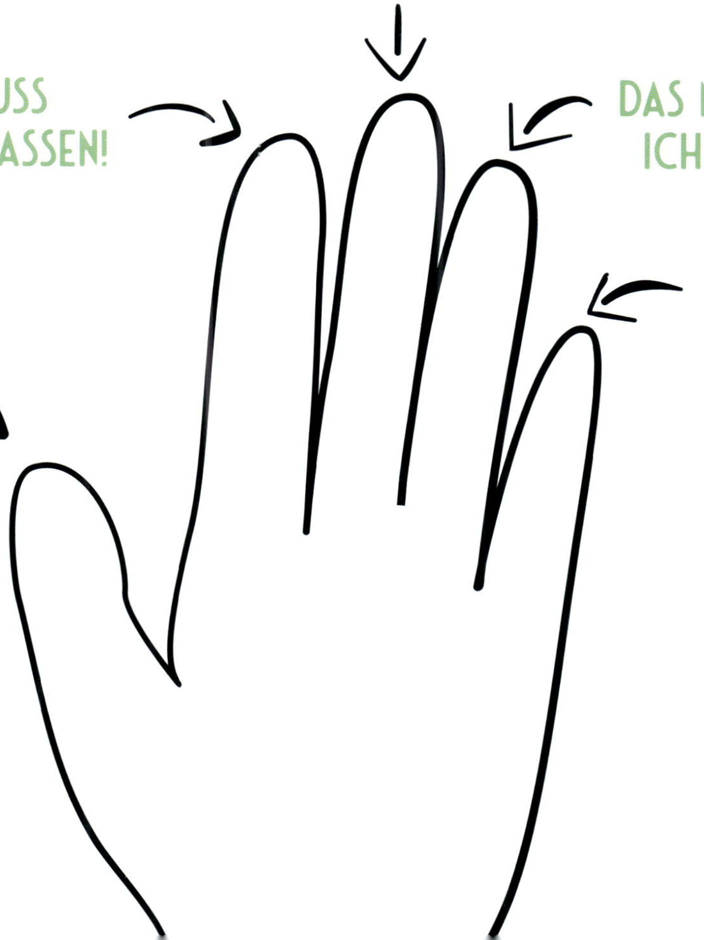

DAS FAND ICH
NICHT GUT!

DA MUSS
ICH AUFPASSEN!

DAS NEHME
ICH MIT!

DAS KAM
ZU KURZ!

DAS FAND
ICH SUPER!

MÖGLICHE VARIATION

Prinzipiell kannst du für jeden Finger auch einen anderen Feedbackimpuls abfragen. Beim Zeigefinger kann zum Beispiel auch nach Verbesserungen gefragt („Das kann man vielleicht besser machen") oder beim Ringfinger die aktuelle Stimmung („So geht es mir gerade") aufgezeigt werden.

GESICHT ZEIGEN

SPIELERISCHE FEEDBACK- ODER CHECK-OUT-METHODE

Wer redensartlich Gesicht zeigt, steht offen zu einer Aussage. Die folgende Methode nimmt die Redewendung wörtlich, indem die Schüler*innen buchstäblich ihr Gesicht zeigen, wenn sie hinter einer Äußerung stehen, die von dir oder Mitschüler*innen getroffen wird. Neben ihren vielfältigen Einsatzmöglichkeiten hat die Methode den positiven Nebeneffekt, dass du auch die kamerascheuen Mitglieder deiner Klasse zu sehen bekommst.

ZIELE DER METHODE

- Stimmung in der Klasse einfangen
- Feedback einholen
- Zum Einschalten des Videobildes motivieren

ABLAUF DER METHODE

- Du bereitest Fragestellungen oder Aussagen vor, zu denen du die Rückmeldung der Klasse einholen möchtest. Bei den Fragestellungen sollte es sich entweder um Entscheidungsfragen handeln, die mit „Ja" oder „Nein" beantwortet werden können oder um „Wer"-Fragen.

- Um am Stundenende Feedback einzuholen, eignen sich beispielsweise folgende Formulierungen:
  - „Die Gruppenarbeit hat mir Spaß gemacht!"
  - „Mir ging die Lesearbeit zu schnell!"
  - „Wer fand den Unterricht anstrengend?"
  - „Fühlst du dich fähig, die Hausaufgabe zu erledigen?"

- In der Videokonferenz trägst du nacheinander jede Frage/Aussage vor. Nach jeder Äußerung sind die Lernenden angehalten, ihr Videobild einzuschalten und sich zu zeigen, falls sie der Aussage zustimmen bzw. die Frage mit „Ja" beantworten. Wenn sie die Aussage ablehnen oder eine Frage mit „Nein" beantworten möchten, ist das Videobild auszuschalten oder die Kamera mit der Hand zu verdecken.

TIPPS FÜR DIE MODERATION

Falls einzelne Schüler*innen über keine Kamera verfügen, bitte sie, ihre Antwort in den Chat zu schreiben oder über eine Reaktion zuzustimmen (z.B. virtuell „die Hand heben"). Wenn du die Reaktionen deiner Klasse für dich festhalten möchtest, mach dir am besten eine kurze Notiz.

EINFACH

AB 2

3-5 MIN

NUR WER DIE FRAGE FÜR SICH MIT JA BEANTWORTET, MACHT DIE KAMERA AN!

MÖGLICHE VARIATIONEN

- Wenn deine Klasse das Prinzip verstanden hat, kannst du auch die Schüler*innen selbst Aussagen treffen lassen, zu denen sich die Klasse positionieren soll.

- Die Methode eignet sich auch hervorragend für den Stundeneinstieg, indem du z.B. alle Gesicht zeigen lässt, die an diesem Tag gut gelaunt sind, sich auf das Wochenende freuen, am Vorabend einen guten Film gesehen haben etc.

- Um die Methode als Kennenlernspiel einzusetzen, überlege dir z.B. Äußerungen, die sich auf Hobbies beziehen oder persönliche Eckdaten und Vorlieben abfragen.

- Als thematischer Einstieg eignet sich eine Variante, bei der du Vorwissen aktivierst oder auf den Inhalt der letzten Stunde anspielst, z.B.: „Wer kann ein Beispiel für XY nennen?", „Wer erinnert sich noch, welche Bedeutung X für Y hatte?" Nach jeder Frage kann innegehalten und eine Person, die ihr Gesicht zeigt, zur Beantwortung eingeladen werden.

KLEBEZETTEL-METHODE

AUS DEN AUGEN AUS DEM SINN?

Der Unterricht endet, die Schüler*innen strömen aus dem (virtuellen) Klassenzimmer und auf einen Schlag scheint alles vergessen, was in der Stunde gelernt wurde. Mit der Klebezettel-Methode gehört dieses Szenario der Vergangenheit an: Du unterstützt deine Schüler*innen dabei, wichtige Erkenntnisse buchstäblich nicht aus den Augen zu verlieren. Bei der Visualisierung von Gelerntem und dessen Integration in die alltägliche Umgebung handelt es sich um eine uralte Technik der Gedankenstütze. Diese Methode verbindet geschickt die virtuelle mit der analogen Welt.

ZIELE DER METHODE

- Fixierung wichtiger Erkenntnisse eines Lernprozesses
- Reduktion von neu Erlerntem auf Kernelemente von persönlichem Wert
- Konzentrierte individuelle Reflexion einer Lerneinheit

WAS BRAUCHE ICH DAZU?

Die Schüler*innen benötigen nichts weiter als einen Notizzettel (der Vorteil von Klebezetteln ist, dass sie ihn anschließend gut sichtbar positionieren können) und einen Stift.

ABLAUF DER METHODE

- Du bittest zum Abschluss einer Unterrichtseinheit alle Schüler*innen, sich einen Klebe- oder einen Notizzettel und einen Stift zur Hand zu nehmen.
- Die Schüler*innen notieren sich eine Sache, die sie aus der Unterrichtsstunde unbedingt mitnehmen oder im Kopf behalten möchten.
- Anschließend kleben alle ihren Klebezettel an eine gut sichtbare Stelle an einem Ort, an dem sie sich oft aufhalten (z.B. Schreibtischlampe, Badspiegel, Kühlschrank).

TIPPS FÜR DIE MODERATION

Wenn deine Schüler*innen ohnehin weitestgehend digital arbeiten und beispielsweise ein virtuelles Notizbuch führen, können sie ihren Gedanken auch dort festhalten. Wichtig ist, dass sie immer wieder auch zufällig auf den Vermerk stoßen.

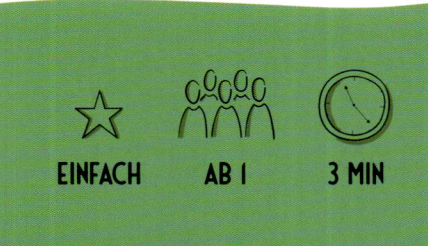

EINFACH   AB 1   3 MIN

 ## MÖGLICHE VARIATION

Der zu notierende Aspekt muss nicht zwangsläufig auf den Stundeninhalt bezogen sein. Wenn du magst, schlage deiner Klasse vor, auch grundsätzliche „Aha"-Momente, eine Erkenntnis fernab des Unterrichtsfachs oder eine eigene Idee zu notieren.

Das sprechende Buch
bewirken.org/a21

LERNTAGEBUCH

REGELMÄßIGE PERSÖNLICHE LERNREFLEXION

„Liebes Tagebuch ..." – das sind bei dieser Methode zwar nicht die einleitenden Worte, trotzdem hilft sie genauso gut, den eigenen Lernprozess zu reflektieren wie das Tagebuch bei der Persönlichkeitsentwicklung. Als Begleitinstrument fördert das Lerntagebuch das selbstgesteuerte Lernen, indem über Lernziele und Lernverhalten reflektiert und die Möglichkeit geschaffen wird, Lerninhalte miteinander zu verknüpfen.

ZIELE DER METHODE

- Lernprozess und -inhalt reflektieren
- Lernverhalten bewusst machen und optimieren
- Inhalte vertiefen und mit bestehendem Wissen verknüpfen

WAS BRAUCHE ICH DAZU?

Generell ist kein besonders Material oder Vorbereitung nötig, für Schüler*innen kann es jedoch hilfreich sein, nicht einfach nur selbst ein Dokument zu erstellen oder ein Notizbuch zu verwenden, sondern von dir vorbereitete Vorlagen zu nutzen. Je klarer und auch verbindlicher der Rahmen ist, desto eher wird es auch von den Schüler*innen genutzt. Dazu kannst du konkret planen, wie und wann du vorhast, das Lerntagebuch einzubauen. Beispielsweise kann es in einer Lerngruppe als Reflexionshilfe genutzt werden.

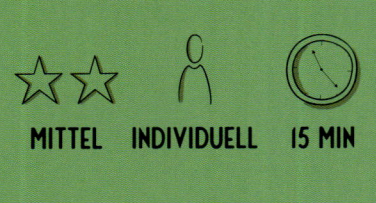

MITTEL   INDIVIDUELL   15 MIN

ABLAUF DER METHODE

Zu Beginn werden Ziele und Ablauf der Arbeit mit dem Lerntagebuch erläutert. Dabei sollte betont werden, dass das Lerntagebuch der persönlichen Reflexion der Lernenden und nicht der Leistungsüberprüfung dient. Das Format beruht demnach auf freiwilliger Teilnahme. Die Lernenden können selbst entscheiden, ob und welche Inhalte sie mit anderen, der Lehrkraft inbegriffen, teilen möchten.

Besonders wenn die Arbeit mit einem Lerntagebuch noch unbekannt ist, können Leit- und Reflexionsfragen als Anleitung für das Schreiben aktivierend wirken. Je vertrauter und erfahrener die Schreibenden sind, desto weniger werden diese gebraucht und können teilweise sogar als einengend empfunden werden. Die Fragen können sich auf folgende Aspekte beziehen:

- Die Strukturierung und Ausarbeitung des Gelernten (z.B.: „Welche Beispiele fallen mir ein, um das Gelernte zu beschreiben, zu bestätigen oder zu widerlegen?")

- Das Überprüfen des eigenen Verständnisses (z.B.: „Was ist mir noch nicht ganz klar?")

- Die Planung des Lernprozesses (z.B.: „Welche Möglichkeiten gibt es, mein Wissen zu vertiefen oder Verständnisfragen zu klären? Wann möchte ich dies tun?")

PRAXIS-TIPP FÜR DEINE MODERATION

Deine Einführung und eine ungezwungene Lernathmosphäre sind zu Beginn besonders wichtig, da diese Faktoren andernfalls zu einer Überforderung bei den Lernenden führen können. Feedback zum Lernfortschritt, weiterführende Anregungen und Impulse können ebenfalls die Motivation fördern und Widerstände abbauen. Zeiten für das Schreiben der Tagebucheinträge sollten in der Planung der Unterrichtseinheiten berücksichtigt werden. Hilfreich ist es, diese noch während einer Lerneinheit zum Ende hin einzuplanen.

Andra Krogmann
Trainerin und Teammitglied bei beWirken
& Illustratorin dieses Buches

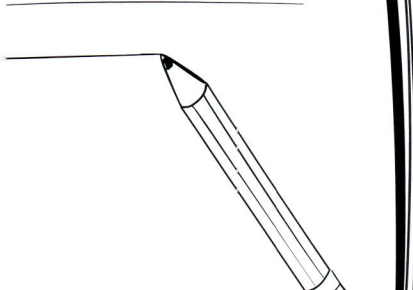

CHECK-OUT – METHODEN ZUM ABSCHLUSS
SKALA-AUFSTELLUNG

LERNPROZESSE RÄUMLICH SICHTBAR UND SPÜRBAR MACHEN

Gerade dann, wenn wir in ungewohnter Umgebung Neues ausprobieren, ist eine Rückmeldung unglaublich wertvoll. Aber nicht nur du als Lehrkraft bist interessiert daran, die Stimmung in der Klasse einzufangen – die Schüler*innen möchten ebenfalls einen Eindruck erhalten, wie es anderen mit einem Thema ergeht. Mit der Skala-Aufstellung geben wir dir ein machtvolles Instrument an die Hand, das beides vermag. Die Methode ist eine pfiffige Adaption des Stimmungsbarometers, wie du es vielleicht aus dem Präsenzunterricht kennst. Dort werden Schüler*innen gebeten, sich zu einer Aussage im Raum zu positionieren und so physisch eine Antwortverteilung widerzuspiegeln. Digital können die Teilnehmenden sogar anonym und asynchron Rückmeldung geben.

ZIELE DER METHODE

- Feedback von Schüler*innen erhalten
- Reflexion & Transfer einer geleisteten Aufgabe
- Stimmung in der Lerngruppe einfangen

WAS BRAUCHE ICH DAZU?

- Du bereitest eine Fragestellung vor, deren Antwort sich im Rahmen einer Skala verorten lässt, beispielsweise:

  - „Wie hat dir die heutige Stunde gefallen?"
    (schlecht – geht so – gut)

  - „Interessiert dich das Thema?"
    (überhaupt nicht – ein wenig – sehr)

  - „Wie bewertest du das Tempo?"
    (zu schnell – passend – zu langsam)

  - „Wie schätzt du dein Vorwissen zu folgendem Thema X ein?" (Profi – Informiert – Laie).

- Du bereitest eine Bild- oder Textdatei vor, in der eine Skala abgebildet ist. Die beiden Enden der Linie sind mit den jeweils extremen Antwortmöglichkeiten beschriftet.

MITTEL   2-100   3-15 MIN

ABLAUF DER METHODE

- Teile die Skalen mit deiner Klasse. Die Schüler*innen verorten sich an einem Punkt der Skala, indem sie dort anonym oder mit Namen eine Markierung setzen.

- Wenn du ein Videokonferenz-Tool nutzt, mit dem die Teilnehmenden auf dem (geteilten) Bildschirm Anmerkungen machen können, lässt sich dies gut nutzen. Teile die Abbildung der Skalen über die Bildschirmfreigabe und lasse die Teilnehmenden dort Markierungen machen. Wenn dein Videokonferenz-Tool nicht über diese Funktion verfügt, nutze stattdessen ein Board-Tool, in dem du das Bild verankerst.

TIPPS FÜR DIE MODERATION

- Nutze die Gelegenheit für einen tiefergehenden Austausch: Du kannst einzelne Markierungen herausgreifen und um eine Erläuterung bitten oder deine Schüler*innen eigeninitiativ ihre Verortung erläutern lassen.

MÖGLICHE VARIATIONEN

Statt einer einfachen Skala mit zwei Polen kannst du auch eine ganze Landkarte entwerfen, z.B. um ...

- dir Rückmeldung zu komplexen Sachverhalten einzuholen oder ein dezidiertes Stimmungsbild einzufangen,

- die Methode als Kennenlernmethode einzusetzen und beispielsweise die geographische Verortung der Schüler*innen abzufragen oder

- Teambuilding zu unterstützen, indem sich die Lernenden nach Stärken und Schwächen, präferierten Arbeitsweisen oder persönlichen Themen einordnen sollen. Auch Fragen zur Zusammenarbeit sind möglich.

Das sprechende Buch
bewirken.org/a22

CHECK-OUT – METHODEN ZUM ABSCHLUSS
TAGESSCHAU

ZEIT FÜR ALLES, WAS WESENTLICH IST – KURZ UND AUF DEN PUNKT

Themen kurz und prägnant mit den wichtigsten Fakten darzustellen, ist gar nicht so einfach. Die Tagesschau hat das perfektioniert und dient bei dieser Methode daher als Referenzrahmen. Bei der Themenpräsentation im Nachrichtenformat üben die Teilnehmenden, zentrale Punkte herauszuarbeiten und für andere verständlich aufzubereiten. Auch das Sprechen vor der Gruppe wird trainiert. Da der Tagesschau-Charakter in einer Online-Session noch besser rüberkommt, nutzen wir diese Methode besonders gern in Online-Seminaren.

ZIELE DER METHODE

- Ergebnispräsentation
- Themen zusammenfassen und Transfer herstellen
- Präsentationen kurz und knapp auf das Wesentliche beschränken

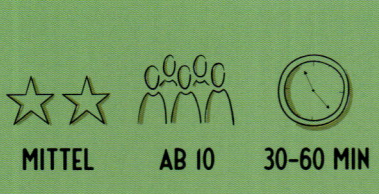

MITTEL **AB 10** **30–60 MIN**

ABLAUF DER METHODE

- Erkläre die Aufgabe: Die Teilnehmenden sollen in der Kleingruppe die wichtigsten Punkte zum Thema sammeln und in Form eines kleinen Nachrichtenbeitrags aufbereiten. Der Beitrag soll informativ sein und die zentralen Fakten in max. 2 Minuten darstellen. Die Teilnehmenden sollen sich einigen, wer welchen Teil spricht.

- Wenn alle Teilnehmenden das gleiche Thema bearbeiten (z.B. als Abschluss eines Themas), bietet es sich an, Schwerpunkte für die einzelnen Gruppen festzulegen.

- Wenn du möchtest, kannst du zum Einstieg auch einen Beispielbeitrag aus der Tagesschau zeigen, um das Format deutlich zu machen.

- Teile die Teilnehmenden in Kleingruppen (2-4 Personen) ein und schicke sie in die Breakout-Räume. Wechsle während der Kleingruppenphase durch alle Räume und schaue, wo Unterstützung benötigt wird. Biete auch an, dass sie dich zu sich einladen können. Lege den Zeitrahmen je nach Thema fest (ca. 20-40 Minuten).

- Wenn die Teilnehmenden ins Plenum zurückgekehrt sind, wird ein Nachrichtenbeitrag nach dem anderen verlesen. Wenn du magst, kannst du als Sprecher*in die einzelnen Beiträge auch gezielt anmoderieren und dann zu den jeweiligen Gruppen als Expert*innen für das Thema „schalten".

TIPPS FÜR DIE MODERATION

Manchen Teilnehmenden fällt das Sprechen vor Gruppen leichter als anderen. Hier musst du entscheiden, ob du als Regel definierst, dass alle sprechen sollen oder ob die Gruppen sich selber einigen und dadurch einzelne vielleicht nur zuhören. Achte bei der Präsentation auch auf die Zeit: Du musst nicht hart nach zwei Minuten abbrechen, aber Ziel der Übung ist eben auch die möglichst komprimierte Darstellung.

MÖGLICHE VARIATIONEN

Die einzelnen Beiträge lassen sich auch als ganze Sendung präsentieren. Dann braucht es verschiedene Rollen: Sprecher*in, Redakteur*innen, die einzelne Beiträge moderieren, Korrespondent*innen und Expert*innen, zu denen geschaltet werden kann, ein*e Sportreporter*in, eine Wetterperson usw. Ordne zu, welche Gruppe welchen Anteil übernimmt oder lasse die Teilnehmenden sich selbst organisieren. Je nach Segment werden die Ergebnisse verschieden aufbereitet (eine Ergebnispräsentation in Form eines Wetterberichts ist anders als ein Interview mit einer Expert*in. Achtung: Nicht jedes Thema passt zu jedem Segment. Die Teilnehmenden können zusätzlich thematisch passende Bilder auswählen, die während der Beiträge eingeblendet werden. Bedenke den höheren Zeitbedarf. Diese Form der Ergebnispräsentation lässt sich in beiden Varianten auch prima an eine Kleingruppenarbeit anschließen.

TEAM-RAKETE

AUF ZUM MOND UND NOCH VIEL WEITER ...

Es ist spannend, anderen „heimlich" bei Gesprächen lauschen zu können und entspannend, wenn man manchmal einfach zuhören kann, ohne das Gesagte direkt kommentieren oder rechtfertigen zu müssen. Bei der Team-Rakete „lauscht" eine Person hinter einer „angelehnten Tür" und erhält wertschätzendes und stärkenorientiertes Feedback. Die Methode ist angelehnt an das „Reflecting Team", das seinen Ursprung im therapeutischen Kontext hat. Der Name Team-Rakete drückt aus, dass sich die Gruppe durch das wertschätzende Feedback fühlt, als könnte sie gemeinsam bis ins Weltall fliegen. Dabei dient das stärkenorientierte Feedback als Treibstoff für den Start der Rakete. Diese Methode ist auch in Präsenz möglich.

ZIELE DER METHODE

- Retrospektives Gruppenfeedback nach Arbeitsphasen
- Arbeitsprozesse und Gruppenrollen reflektieren
- Stärkenorientierte Rückmeldungen für eine gute Klassengemeinschaft einüben

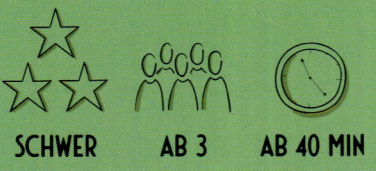

SCHWER   AB 3   AB 40 MIN

WAS BRAUCHE ICH DAZU?

Als Vorbereitung für die Durchführung der Methode bietet es sich an, mit der Klasse Feedbackregeln zu erarbeiten. Wie möchten wir Feedback erhalten? Wie gibt man wertschätzendes und konkretes Feedback?

ABLAUF DER METHODE

- Themenwahl und Freiwilligkeit: Zuerst muss festgelegt werden, wozu Feedback gegeben werden soll, z.B. zum Ablauf und den Rollen der letzten Teamarbeitsphase. Der Themenrahmen sollte von der Lehrkraft vorgegeben werden. Wichtig ist, dass niemand Feedback erhalten muss, sondern dieser Part auf Freiwilligkeit beruht.

- Teameinteilung: Es werden Breakout-Sessions mit maximal vier Personen eingeteilt. Jede Breakout-Session stellt ein Feedbackteam dar.

- Think-Stichpunkte: Nachdem alle Gruppenmitglieder, die Feedback erhalten wollen, nacheinander zu Wort gekommen sind, geht es in Phase zwei. Die Gruppe erhält Zeit, um sich Notizen in Stillarbeit zu erstellen und Ideen für Rückmeldungen zu sammeln (jede*r für sich).

- Feedbackgespräch: Nun gehen alle Teammitglieder bis auf den*die Feedbacknehmer*in (A) ins Gespräch. A stellt Kamera und den Ton aus. Die Gruppenmitglieder in der Gesprächsrunde haben die Kamera an und spre-

MÖGLICHE VARIATIONEN

- Die Team-Rakete kann auch für Gruppenpräsentationen genutzt werden. Hierfür wird zum Start der Breakout-Sessions eine Inputphase in die Methode integriert. In dieser bekommen alle Gruppenmitglieder Zeit, die Inhalte vorzustellen, zu denen Rückmeldung eingeholt werden soll. Hier ist es möglich, eine Präsentation über den Bildschirm zu teilen. Während die Person spricht, hören die anderen zu und machen sich Notizen. Danach erhält die nächste Person Redezeit. In dieser Phase haben alle ihre Kameras an. Es schließt sich direkt die Gesprächsphase an, in der jede*r Feedbacknehmer*in „an der Tür lauschen" darf.

- Die Team-Rakete lässt sich nicht nur in Kleingruppen, sondern auch als Plenumsmethode durchführen, beispielsweise zur gemeinsamen Reflexion einer Klassenfahrt. Der Großteil der Klasse kann zuhören und Rückmeldungen empfangen, während eine Kleingruppe vor diesem Plenum reflektiert. Die Gruppe kann rotieren.

- Im Kontext der Berufsorientierung oder Lernentwicklungsgesprächen eignet sich die Team-Rakete super.

- Auch in Lehrkräfte-Teams gibt es für diese Methode vielfältige Anwendungskontexte. So kann beispielsweise ein Unterrichtsbesuch nachbesprochen werden oder im Lehrkräfteteam Feedback an die ganze Klasse gegeben werden.

chen (wertschätzend und konstruktiv) über den Input/Beitrag von A. Wenn die Gruppe fertig ist, bittet sie A wieder dazu. A macht Kamera und Ton wieder an – wenn Verständnisfragen bestehen, können diese geklärt werden. Falls nicht, wird rotiert.

 ## TIPPS FÜR DIE MODERATION

Ein Reflecting Team besteht in der Regel aus mindestens drei Beteiligten, die sich über erlebte Situationen oder Konflikte austauschen, sodass immer mindestens zwei Perspektiven Raum erhalten und eine dialogische Form des Feedbacks bzw. der Reflexion stattfinden kann. Die Methode bietet einen klar strukturierten Rahmen, welcher auf die jeweiligen Kontexte und seine Beteiligten angepasst werden kann.

STORY PITCHEN

LERNPROZESSE RÄUMLICH SICHTBAR UND SPÜRBAR MACHEN

Nichts ist mächtiger als die Sprache von Bildern und guten Geschichten. Nicht nur für die Zuhörenden, sondern auch für die Reflexion der Erzählenden selbst. Aus diesem Grund ist die sequenzielle und visuelle Darstellung von Ergebnissen, Erkenntnissen und dem Verlauf der eigenen „Lernreise" eine mächtige, aber trotzdem einfach umsetzbare Methode.

Wir nutzen mit Jugendlichen gerne in allen Lernschritten spielerische Ansätze und gute aufeinander aufbauende Methoden, die zu einer Lernreise werden. Diese eigene Lernreise und die Erkenntnisse daraus in einer „Story" vorzustellen (engl. „pitchen"), ist daher ein guter Abschluss zur eigenen Reflexion und auch zur Vergemeinschaftung von Ergebnissen in einer größeren Gruppe. In dieser Methode stecken zwei Ansätze aus dem „Storytelling" (engl. für „Geschichten erzählen"). Zum einen die visuelle Darstellung von Lern- oder Entwicklungsschritten in einem Comic und zum anderen der Aufbau dieses Comics anhand der „Heldenreise", einer methodischen Art, wie Geschichten erzählt werden können.

ZIELE DER METHODE

- Visuelle Darstellung von Lernergebnissen in einem Comic zur individuellen und gemeinsamen Reflexion

- Reflexion der eigenen Lernreise und auch, welche Perspektiven sich verändert haben und was gelernt wurde

- Verständnis für die Elemente einer guten Geschichte

WAS BRAUCHE ICH DAZU?

Die visuellen Darstellungen als Comic können analog auf Papier erfolgen oder auf Plakaten, in einer digitalen Präsentation mit Folien oder auf einem digitalen Board-Tool.

Zum Start: Heldenreise – Diese Grundstruktur von Geschichten wird seit über 100 Jahren genutzt und weiterentwickelt. Sie basiert darauf, dass sich die Protagonisten auf eine (Lern-)Reise begeben, neue Perspektiven gewinnen, Herausforderungen bestehen, neue Erkenntnisse gewinnen und sich dadurch selbst verändern. Jede gute Geschichte startet mit einer Frage oder Herausforderung, für die es sich lohnt, sich auf den Weg zu machen und die Mühen des Weges oder die Kosten der Veränderung auf sich zu nehmen.

MITTEL   **2–50**   **20–90 MIN**   **VORLAGEN**

NUTZBAR AUCH
IN PRÄSENZ

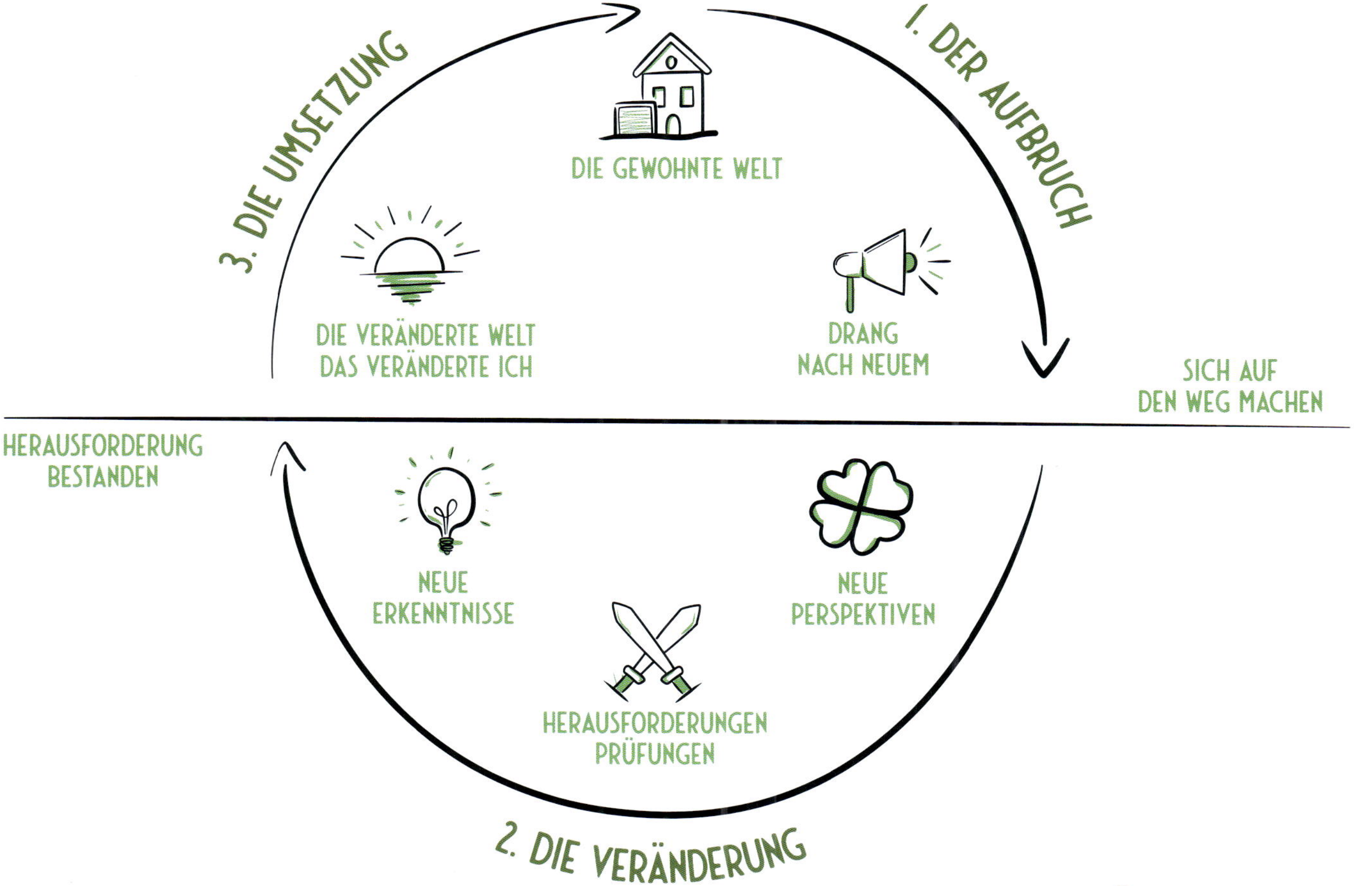

3. DIE UMSETZUNG

1. DER AUFBRUCH

DIE GEWOHNTE WELT

DIE VERÄNDERTE WELT
DAS VERÄNDERTE ICH

DRANG
NACH NEUEM

SICH AUF
DEN WEG MACHEN

HERAUSFORDERUNG
BESTANDEN

NEUE
ERKENNTNISSE

NEUE
PERSPEKTIVEN

HERAUSFORDERUNGEN
PRÜFUNGEN

2. DIE VERÄNDERUNG

WEITER AUF DER NÄCHSTEN SEITE ...

CHECK-OUT — METHODEN ZUM ABSCHLUSS

Die Wahl hängt nicht unbedingt vom digitalen oder hybriden Unterricht ab, denn Schüler*innen könnten auch im Digitalen für sich auf Papier arbeiten und das Ergebnis in die Kamera halten oder abfotografieren. Generell (also auch im hybriden Präsenzunterricht) eignen sich aber durchaus digitale Board-Tools, denn hier können Schüler*innen nicht nur andere Medien oder Grafiken mit einbauen, sondern die Ergebnisse sind damit auch besser gesichert als auf Papier und können wiederverwendet werden.

ABLAUF DER METHODE

- Festlegen des Darstellungsortes und, falls gewünscht, Vorbereitung einer Vorlage mit leitenden Fragen.

- Bearbeitungszeit festlegen und, falls möglich oder gewünscht, Gruppen bilden (2-5 Schüler*innen), ansonsten auch in Einzelarbeit möglich.

- Zusammentragen der Ergebnisse (Präsentationen, Board-Tool oder Plakate) und ggf. Präsentation beispielsweise als Geschichte, die erzählt wird, oder Gallery-Walk im Plenum.

TIPPS FÜR DIE MODERATION

Wichtig ist es, einen positiven Raum zu halten und Mut zu machen – sowohl um eine gute Reflexion zu ermöglichen, als auch um Lust zu wecken, in diese „kreative", visuelle Arbeit einzusteigen. Auch ein vorbereitetes Beispiel von dir kann zeigen, in welche Richtung die Darstellung und Geschichte gehen kann.

MÖGLICHE VARIATIONEN

Die Kombination aus Comic-Darstellung und Heldenreise ist schon etwas komplizierter, da neben der Darstellungsform auch noch eine neue Struktur dazu kommt. Du kannst auch zuerst anfangen eine Ergebnispräsentation in einer Comicform auszuprobieren, ohne zu viel Struktur vorzugeben.

Das sprechende Buch
bewirken.org/a23

BEISPIEL MIT LEITENDEN FRAGEN: BILDER KÖNNEN AUCH BETITELT WERDEN ...

TEIL 3 — METHODEN

ENERGIZER
— METHODEN FÜR MOTIVATION
& GRUPPENDYNAMIK

EINFÜHRUNG

KÖRPER UND GEHIRN BRAUCHEN ENERGIE, PAUSEN UND MOTIVATION

Wir wissen aus der Hirn- und Sozialforschung wie wichtig es ist, beim Lernen Spaß zu haben, zu lachen, Dinge in einem anderen Licht zu sehen und auch uns gegenseitig neu zu erleben. Hinzu kommt, dass unser Gehirn durch die bewusste Ablenkung beim Abschalten anfängt, Dinge zu sortieren und auch unterbewusst zu verarbeiten. Daher kommen uns manche guten Ideen auch in völlig absurden Situationen. Aus diesem Grund haben kleine erfrischende Energizer in jedem Workshop und Unterricht ihren Platz und sind nicht nur etwas für Klassenfahrten oder lange Workshoptage.

Dieses Kapitel und auch der Überbegriff „Energizer" (oder manchmal auch „Warm-Up") vereint sehr viele verschiedene Arten von Methoden, die teilweise auch sehr unterschiedliche Funktionen erfüllen. Nicht jede dieser Methoden ist gleich gut geeignet in jeder Situation, daher achte darauf, für welches Ziel genau du den Energizer einsetzen möchtest und wähle danach die richtige Methode.

Eine Grundfunktion teilen jedoch alle Arten von Energizern, sie schaffen Ablenkung und können damit die oben genannten Denkprozesse anstoßen und ermöglichen so auch gute Überleitungen zu neuen Themen. Wir möchten dir noch als Empfehlung mitgeben, dass du diese Methoden jeweils auch sehr unterschiedlich anmoderieren kannst und damit eine andere Stimmung erzeugst.

Von spielerisch albern, über motivierend energetisch, bis hin zu ernsthaft herausfordernd, du kannst passend zum Setting einen anderen Rahmen erzeugen, denn ältere Jugendliche „spielen" nicht gerne, sie mögen eher spannende Aufgaben. Viel Spaß beim Experimentieren!

FUNKTIONEN DES LERNRAUMS

- Erzeugen von körperlicher und geistiger Energie (durch Bewegung)
- Rahmen für gruppendynamische Prozesse
- Kennenlernen bei neuen Gruppen
- Körpergefühl entwickeln (auch digital z.B. Stimme oder Koordination)
- Startpunkte oder Endpunkte von Prozessen spürbar machen (körperlich, visuell, auditiv)
- Kreativität anregen und Gedanken lockern
- Reflexionen anstoßen

Das sprechende Buch
bewirken.org/a24

INHALT

ASSOZIATIONSBALL

WIRF DOCH MAL WAS RÜBER!

Endlich mal mit Tischen werfen! Dieser schnelle Energizer kann prima für Auflockerung und ein bisschen Bewegung zwischendurch eingesetzt werden. Durch die schnellen Assoziationen wird die Kreativität angeregt.

ZIELE DER METHODE

- Auflockerung
- Fördert Kreativität und Geschwindigkeit

ABLAUF DER METHODE

- Das Spiel wird kurz erklärt: Es werden Gegenstände von Person zu Person „geworfen" und dabei angekündigt, an wen etwas geworfen wird. Diese Person „fängt" den Gegenstand und wirft einen neuen Gegenstand weiter, den sie mit dem gefangenen assoziiert. Dabei sollen Wurf- und Fangbewegungen gemacht werden.
- Alle Teilnehmenden schalten die Kameras und die Mikrofone ein.

- Anhand eines Beispiels vormachen: „Ich werfe eine Tafel zu Judith!" mit einer Wurfbewegung kombinieren. Judith fängt die Tafel und wirft einen neuen Gegenstand: „Ich werfe Kreide zu Jens!" Jens fängt die Kreide usw.
- Wenn allen der Ablauf klar ist, geht's los!

TIPPS FÜR DIE MODERATION

Da bei diesem Spiel alle das Mikrofon angeschaltet haben, sollten die Teilnehmenden gebeten werden, möglichst wenig Störgeräusche zu produzieren. Es kann auch ohne Kamera mitgemacht werden.

MÖGLICHE VARIATIONEN

- Es kann auch eine Verknüpfung zum Unterrichtsthema hergestellt werden, indem thematisch passende Gegenstände geworfen werden (z.B. Grundgesetze, Wahlen und Parlamentssitze beim Thema Demokratie). Zudem könnten verschieden schwere/große Gegenstände auch unterschiedlich geworfen bzw. gefangen werden.
- In einer weiteren Variation darf jede Person nur einmal einen Gegenstand fangen oder werfen. Dies kann z.B. durch Abkleben der Kamera deutlich gemacht werden, nachdem eine Person dran war.
- Diese Methode kann auch in Präsenz gespielt werden, hier kann man die Gegenstände pantomimisch werfen.

 EINFACH  **AB 5** **5–10 MIN**

WOCHEN-CHALLENGE

EIN SCHNELLER ENERGIZER FÜR DIE KLEINEN GRAUEN ZELLEN

Wer liebt sie nicht, die kleinen spielerischen Herausforderungen, die uns aus dem Alltag entfliehen lassen? Gerade in Zeiten, in denen die Schüler*innen viel am Bildschirm lernen und arbeiten, eignen sich Wochen-Challenges, um das Gemeinschaftsgefühl in der Klasse zu stärken und für kreative Ablenkung zu sorgen. Hierbei sind der Fantasie keine Grenzen gesetzt: Die Wochenaufgabe kann eine Bewegungs- oder Geschicklichkeitsübung sein, sie sollte nur durch die Zusammenarbeit in der Klasse lösbar sein und jede Woche von einer anderen Person gestellt oder mit einem Belohnungssystem versehen werden.

ZIELE DER METHODE

- Auflockerung des Lerngeschehens
- Aktivierung (bei Bildschirm-Müdigkeit)
- Stärkung des Gemeinschaftsgefühls
- Einbindung von allen Klassenmitgliedern

EINFACH **AB 2** **INDIVIDUELL**

ABLAUF DER METHODE

- Überlege dir eine Challenge, die alle Schüler*innen ohne spezielle Hilfsmittel von zuhause aus erfüllen können.

- Verpacke deine Challenge in eine spannende Geschichte und überlege dir, wie du deine Klasse zum Mitmachen motivieren kannst. Inspirationen findest du unter dem Punkt Variationen.

- Verankere die Aufgabenstellung auf einer Lernplattform oder einem Board-Tool, sodass die Schüler*innen jederzeit darauf zugreifen können. Falls Ergebnisse der Challenge festgehalten werden sollen, richte dafür eine Ablage oder Abgabefunktion ein.

- Greife die Wochen-Challenge in deiner Unterrichtsstunde auf, indem du die Ergebnisse würdigst, eine Prämierung durchführst, die Klasse eine*n Sieger*in küren lässt oder die gemachten Erfahrungen mit den Schüler*innen besprichst.

- Es bietet sich an, die Klasse in den Auswahlprozess für die nächste Wochen-Challenge mit einzubeziehen, indem sie aus mehreren Möglichkeiten wählen darf oder eigene Vorschläge mit eingebracht werden können. Solltest du mehrere Wochen-Challenges hintereinander planen, kannst du dir überlegen, mit einem Punktesystem zu arbeiten oder die Herausforderungen in der Schwierigkeit zu steigern.

MÖGLICHE VARIATIONEN

Lustige Aufgabenstellungen:

- „Mache dich auf die Suche nach Gesichtern, die durch Gegenstände in deiner Umgebung gebildet werden. Verankere ein Foto davon auf unserer Lernplattform. Denke daran, dass keine echten Gesichter zu sehen sind."

- „Wer kennt den lustigsten Witz? Poste deinen Lieblingswitz auf unserem Klassenboard und stimme über den besten Witz deiner Klasse ab."

Geschicklichkeits- und Bewegungsübungen:

- „Wer schafft die meisten Schritte, während das Mathebuch auf dem Kopf balanciert werden muss? Wenn das Buch herunterfällt, musst du aufhören, deine Schritte zu zählen." Hier lohnt es sich, die Sportlehrkräfte nach weiteren Ideen zu fragen.

Klassen-Challenge:

- „Sammelt in einer Woche so viele Flaschenschraubverschlüsse wie möglich. Dokumentiert die einzelnen Sammlungen."

- „Findet in eurer Klasse fünf Gemeinsamkeiten."

- „Erstellt innerhalb einer Woche ein Klassenalbum mit euren Lieblingssongs."

Achtsamkeitsübungen:

- „Wie lange hältst du es ohne dein Handy aus?"

- „Bedanke dich in dieser Woche bei drei Menschen, denen du schon lange einmal Danke sagen wolltest."

PRAXIS-TIPP FÜR DEINE MODERATION

Mache die Methode zur Routine, indem du jede Woche eine neue Challenge stellst. Sobald sich das Vorgehen etabliert hat, kann dieser Prozess vollständig asynchron über die Lernplattform verlaufen. Auch die Prämierung kann darüber erfolgen.

Anna Ginkel
Mitgründerin von Team:werk

BUCHSTABENSALAT

WAS FÜR EIN BUCHSTABENSALAT!

Weder muss eine Aktivierungs-Methode mit viel Zeitaufwand und Chaos einhergehen, noch muss die Erarbeitung und Wiederholung von Unterrichtsthemen langweilig sein. Der Buchstabensalat kombiniert beide Zielbereiche und garantiert den Einbezug aller Schüler*innen. Die Methode verbindet kognitive Aktivierung mit logischem Denken, Lese- und Schreibkompetenz und einem Spielcharakter. Bei einem minimalen Einsatz von Ressourcen lassen sich so gleich mehrere Ziele verfolgen.

ZIELE DER METHODE

- Kognitive Aktivierung
- Spielerische Auflockerung
- Verknüpfung zu Unterrichtsinhalten oder einfach Spaß

WAS BRAUCHE ICH DAZU?

Du bereitest eine Text- oder Bilddatei mit einem Buchstabensalat als Vorlage vor.

EINFACH   **AB 2**   **3-5 MIN**   **VORLAGEN**

ABLAUF DER METHODE

- Über die Bildschirmfreigabe wird die Datei mit der Klasse geteilt.
- Innerhalb einer vorgegebenen Zeit (wenige Minuten) sollen die Schüler*innen so viele Wörter wie möglich herauslesen. Jedes gefundene Wort wird in den Chat geschrieben.
- Wenn du magst, kann am Ende die Person zum*zur Gewinner*in gekürt werden, die die meisten Wörter gefunden hat.

TIPPS FÜR DIE MODERATION

Der Buchstabensalat eignet sich hervorragend als Aktivierungs-Methode zwischen zwei anstrengenden Arbeitsphasen, als Belohnung nach einer erledigten Aufgabe oder zum Einstieg in eine neue Unterrichtsstunde.

MÖGLICHE VARIATIONEN

- Für eine besondere Herausforderung: Jeder Buchstabe darf pro Wort nur einmal verwendet werden.
- Für die Verknüpfung von Spaß und Lernen: Baue in deinen Buchstabensalat Begriffe ein, die mit dem Unterrichtsthema zu tun haben, z.B. zur Wiederholung, um auf ein neues Thema neugierig zu machen oder zum Einüben von Vokabeln/Fachvokabular.

ßuccaanmfac
rpkastsmdnw
cseoerftlhm
rbpuzepea

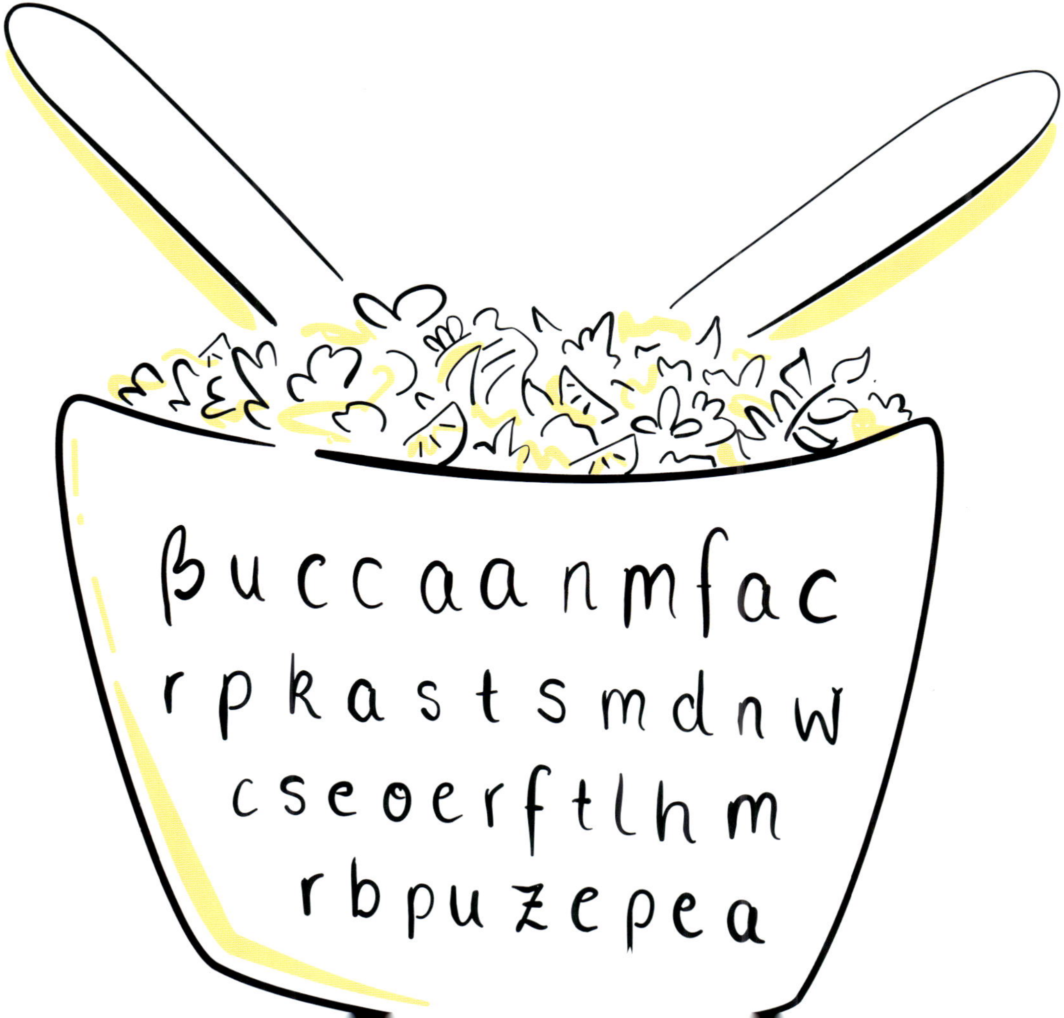

DURCHZÄHLEN

WER SAGT DENN, DASS ZÄHLEN NICHT AUCH WAS FÜR ÄLTERE IST?

Schwarze Bildschirme, Totenstille, gähnende Leere – das erwartet Lehrkräfte im schlechtesten Fall, wenn sie ihren Online-Unterricht starten. Wenn die Klasse bei dieser spielerischen Methode erfolgreich sein will, wird sich dieses Bild schlagartig ändern! Anstatt die Methode rein zur Auflockerung zu nutzen, kann sie auch als Ausgangspunkt für eine nachfolgende Gruppeneinteilung dienen, z.B. indem alle Personen mit einer geraden Zahl in der einen, alle mit einer ungeraden Zahl in der anderen Gruppe arbeiten. Die Herausforderung besteht dann darin, sich die selbst genannte Zahl zu merken oder zu notieren.

ZIELE DER METHODE

- Aktivierung aller Schüler*innen
- Konzentrationsübung
- Teambuilding
- Motivation zur Nutzung der Videokamera

EINFACH   **5-20**   **3-10 MIN**

ABLAUF DER METHODE

- Ziel der Übung ist es, von 1 bis zu der Zahl zu zählen, die der Anzahl der Schüler*innen entspricht – bei einer Klasse von 25 Schüler*innen also von 1 bis 25.

- Eine Person fängt an, indem sie die „Eins" nennt. Danach wird abwechselnd laut weitergezählt ohne sich abzustimmen, wer als nächstes spricht.

- Verzählt sich jemand oder es sprechen zwei Personen gleichzeitig, wird von vorne gestartet.

- Das Spiel endet, wenn jemand bei der letzten Zahl angelangt ist oder die Gruppe aufgibt.

TIPPS FÜR DIE MODERATION

Die Methode ist darauf ausgelegt, dass ein reibungsloser Durchlauf beim ersten Versuch scheitert. Lass dich davon nicht entmutigen – es handelt sich um einen normalen gruppendynamischen Prozess, der durch Konzentration und die Entwicklung eines Teamgefühls zum Ziel führt.

MÖGLICHE VARIATIONEN

- **Schwierigkeitsstufe 1:** Alle Teilnehmenden haben nach Möglichkeit ihr Kamerabild angeschaltet, alle Mikrofone sind stumm. So ist leicht abzusehen, wer sein Mikrofon als nächstes anschaltet und eine versehentliche Überschneidung ist eher unwahrscheinlich.

1 2 3 4 4

- **Schwierigkeitsstufe 2:** Alle Teilnehmenden haben nach Möglichkeit ihr Kamerabild sowie ihr Mikrofon angeschaltet. Jetzt muss allein an Mimik und Körpersprache abgelesen werden, wer als nächstes sprechen will.

- **Schwierigkeitsstufe 3:** Alle Mikrofone sind angeschaltet und alle Kamerabilder aus. Nun lässt sich kaum mehr erahnen, wer als nächstes das Wort ergreifen wird.

- **Schwierigkeitsstufe 4:** Wenn die Gruppe auch Stufe 3 gemeistert hat, geht es darum, die Merkfähigkeit zu überprüfen. Wie war die Zählreihenfolge in der letzten erfolgreichen Runde? Lasse deine Schüler*innen in der gleichen Reihenfolge noch einmal durchzählen. Bei der Nennung der Zahl wird auch die Kamera angeschaltet und bestenfalls für die gesamte Dauer des Unterrichts angelassen.

„MIST ... NOCHMAL VON VORNE"

EINE WAHRHEIT, EINE LÜGE

DIE LERNUMGEBUNG DER SCHÜLER*INNEN EINBEZIEHEN UND PERSÖNLICHE BEZIEHUNGEN STÄRKEN

Wenn sich eine Lerngruppe über Videokonferenzen trifft, fallen eine Menge persönlicher Interaktionen weg. „Eine Wahrheit, eine Lüge" ist eine geeignete Methode, um einerseits die persönliche Lernumgebung mit einzubeziehen und andererseits einen Startpunkt für persönliche Kommunikation und Austausch zu bieten. Im digitalen Raum mit analogen Gegenständen zu arbeiten, hilft außerdem, den Kopf anders zu nutzen. Durch die Aufgabe, eine wahre und eine falsche Geschichte zu erzählen, können Kreativität und auch neue Perspektiven gefördert werden, da man antizipieren muss, was die anderen wohl glauben könnten.

ZIELE DER METHODE

- Persönliche Interaktion in der Gruppe ermöglichen
- Bezug zum Lernumfeld der Schüler*innen herstellen
- Spaß haben

ABLAUF DER METHODE

- Du bittest jede*n Schüler*in, sich einen (beweglichen) Gegenstand zu suchen und zwei Geschichten über den Gegenstand vorzubereiten: eine wahre Geschichte und eine ausgedachte Geschichte.

- Wenn die Lerngruppe mehr als fünf Personen umfasst und/oder du den Zeitumfang für die Methode eingrenzen möchtest, solltest du die Lernenden in Breakout-Räume aufteilen.

- Die Lernenden erzählen nun jeweils die zwei Geschichten zu ihrem Gegenstand, den sie auch in die Kamera halten. Anschließend rät die Gruppe, welche dieser Geschichten wahr ist und welche gelogen. Das Raten kann gut über den Chat erfolgen – dort kann jede*er einen Tipp abgeben.

- Anschließend ist die nächste Person an der Reihe.

MÖGLICHE VARIATIONEN

- Wenn du die Methode mit der ganzen Klasse durchführen möchtest, aber nur ein begrenztes Zeitfenster hast, können sich Freiwillige melden, die ihre Geschichten erzählen wollen.

- Diese Methode kannst du auch ohne Gegenstand durchführen und einfach so Geschichten ausdenken lassen.

EINFACH   **AB 3**   **AB 15 MIN**

GEGENSTÄNDE HOLEN

AUF DIE PLÄTZE, FERTIG, SUCH!

Mit diesem schnellen Spiel für zwischendurch lässt sich das Unterrichtsgeschehen auflockern und das Energielevel steigern, indem eine kurze Bewegungsphase eingebaut wird. Gleichzeitig wird das kreative Denken angeregt. Es eignet sich sehr gut vor oder nach Pausen, auch um alle noch einmal vom Bildschirm weg zu bekommen oder ein Thema gut abzuschließen oder überzuleiten, damit gedanklich Platz für Neues entstehen kann.

ZIELE DER METHODE

- Auflockerung
- Bewegung
- Kreatives Denken fördern

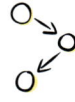

ABLAUF DER METHODE

- Die Teilnehmenden sollen in einer Minute möglichst viele Gegenständen suchen (vorgegebene Anzahl).

- **Beispiel 1:** Gesucht wird etwas Rundes, etwas Eckiges, etwas zu Essen und etwas Grünes.

- **Beispiel 2:** Gesucht werden sechs Gegenstände, die mit den Buchstaben S C H U L E anfangen (jeweils ein Gegenstand pro Anfangsbuchstabe). Es kann natürlich auch jedes andere Wort verwendet werden. Je nach Länge und Anzahl der Gegenstände muss dann ggf. die Zeit angepasst werden.

- Stoppe die Zeit und gib ein Zeichen, wenn sie abgelaufen ist.

- Nach Ablauf der Zeit können je nach Gruppengröße entweder alle ihre Gegenstände einmal zeigen und sie kurz benennen oder dies passiert nur beispielhaft.

MÖGLICHE VARIATION

Diese Methode kann eine Meta-Methode für die Einbindung von Gegenständen und der realen Welt ins Digitale sein. Vom Spaziergang mit Auftrag bis zur Challenge mit Beweisfoto. Mehr dazu im sprechenden Buch.

EINFACH   **2–50**   **3–10 MIN**

 Das sprechende Buch
bewirken.org/a25

PRAXIS-TIPP FÜR DEINE MODERATION

Wenn du möchtest, dass sich die
Teilnehmenden bewegen, baue Gegenstände mit ein, für die sie auf jeden Fall
ihren Schreibtisch verlassen müssen.
Bitte die Teilnehmenden, sich nur so weit
von ihrem Laptop oder Smartphone zu
entfernen, dass sie noch mitbekommen, wenn die Zeit um
ist (indem sie z.B. im gleichen Raum bleiben). Teilnehmende
ohne Kamera können kurz erzählen, welche Gegenstände
sie geholt haben, anstatt diese zu zeigen.

**Christiane Wellmann
Dozentin & Teammitglied bei beWirken**

LEUCHTTURM

AUF HOHER SEE BRAUCHT ES MANCHMAL ORIENTIERUNG …

Gerade im Online-Unterricht kann es vorkommen, dass man sich recht allein fühlt auf weiter Flur. Um nicht weiter im Dunkeln zu tappen, hilft die Leuchtturm-Methode und bringt dabei auch noch richtig Schwung ins Klassenzimmer! Das simultane Arbeiten an einem Dokument/auf einem Board erfordert eine gewisse Medienkompetenz und Schreibgeschwindigkeit, weshalb die Methode in der Grundschule nur mit sehr einfachen Fragen und Antworten und alphabetisierten Schüler*innen durchgeführt werden kann. Achtung: Simultanes kollaboratives Arbeiten bedeutet auch, dass jede*r die Eingaben der anderen verändern oder löschen kann. Auf eine entsprechende Etikette sollte die Klasse deshalb unbedingt aufmerksam gemacht werden.

ZIELE DER METHODE

- Dynamisierung von Arbeitsaufträgen
- Sondierung der eigenen Position bzgl. eines Themas
- Teambuilding (Einschätzbarkeit der Mitlernenden)

MITTEL   **AB 3**   **3-10 MIN**

WAS BRAUCHE ICH DAZU?

Du bereitest ein Online-Whiteboard oder Dokument zur simultanen Bearbeitung mit einer Reihe von Fragestellungen vor. Diese sind frei wählbar und abhängig von der jeweiligen Zielsetzung.

- **Beispiel Stundeneinstieg:** „Das habe ich gestern Abend gemacht", „Das war für mich der schönste Teil des heutigen Tages", „Darauf freue ich mich jetzt am meisten"

- **Beispiel gegenseitiges Verständnis schaffen:** „So trete ich auf, wenn ich einen schlechten Tag habe", „Wenn es stressig wird, verhalte ich mich oft so", „Wenn ich gestresst bin, brauche ich Folgendes"

- **Beispiel Feedback einholen:** „An der letzten Stunde hat mir Folgendes gefallen", „Das fand ich an der letzten Stunde nicht so gut", „Das hätte ich mir stattdessen gewünscht"

ABLAUF DER METHODE

- Die Schüler*innen erhalten per Link, der über den Chat des Videokonferenz-Tools geteilt wird, Zugriff auf das Dokument.

- Alle Schüler*innen tippen simultan ihre Antworten auf die notierten Fragen ein, wodurch das Dokument/Board einem dynamischen Wandel unterliegt.

- Die Lehrkraft kann die ganze Zeit mitverfolgen, wie weit die Beantwortung fortgeschritten ist und welche Antworten formuliert werden.

- Nach Ende der Arbeitszeit schließt sich ein virtueller Rundgang in Stillarbeit oder im Plenum via Bildschirmfreigabe an.

- Die Lehrkraft kann einzelne Antworten herausgreifen, Wortmeldungen zulassen oder eine Selbstreflexion durch eine Verortung im Spektrum der Beiträge anregen.

TIPPS FÜR DIE MODERATION

Um den Schüler*innen einen freien Gedankenfluss zu erleichtern, kann es hilfreich sein, während der Arbeitsphase Musik abzuspielen und diese via Tonfreigabe mit der Videokonferenz zu teilen. Das Ende der Musik zeigt gleichzeitig das Ende der Arbeitsphase an.

MÖGLICHE VARIATIONEN

- Je nach verfolgter Zielstellung kann die Beantwortung anonym erfolgen (Grundeinstellung der meisten Board-Tools) oder durch Voranstellung des Namens vor jede Antwort einer Person zugeordnet werden.

- Die Methode kann auch zur Arbeit an einem Unterrichtsthema genutzt werden, wenn die Fragen inhaltlicher Natur sind. Für die Lehrkraft kann es spannend sein, sich so einen Eindruck über den Lernstand zu verschaffen oder herauszufinden, welchen Anklang ein Thema bei der Klasse findet.

- Profimodus: Wenn die Methode bereits erfolgreich durchgeführt wurde, lass die Schüler*innen ihre Antworten noch während der Arbeitsphase direkt gegenseitig kommentieren. So entstehen stille Diskussionen.

ENERGIZER – METHODEN FÜR MOTIVATION & GRUPPENDYNAMIK
SPIEGEL-TANZ

EINFACH MAL DEN KOPF FREI TANZEN!

Lange Videokonferenzen bergen trotz interaktiver Gestaltung die Gefahr, dass früher oder später sowohl Geist als auch Körper ermüden. Je jünger die Schüler*innen, desto geringer ihre Konzentrationsfähigkeit und desto höher ihr Bewegungsdrang. Daneben ist die Aufmerksamkeitsspanne besonders bei Menschen mit hohem Medienkonsum und häufiger Social Media Nutzung niedrig. Wenn hier weder eine kurze Pause noch eine aktivierende Methode Abhilfe schaffen kann, ist es Zeit, mit dem Spiegel-Tanz einen besonderen Joker zu ziehen.

ZIELE DER METHODE

- Kombination aus körperlicher & kognitiver Aktivierung
- Hemmschwellen senken, Vertrauensbasis schaffen
- Kamerascheu ablegen
- Gute Laune verbreiten

WAS BRAUCHE ICH DAZU?

Im Online-Unterricht benötigst du ein Videokonferenz-Tool, das dir die Freigabe von Ton erlaubt, eine eingeschaltete Kamera sowie Schüler*innen, die ebenfalls in der Mehrzahl über Videokameras verfügen. Guter Musikgeschmack ist von Vorteil.

ABLAUF DER METHODE

- Du und alle Schüler*innen stehen von ihrem Arbeitsplatz auf und schalten ihr Kamerabild an.
- Du wählst ein Lied aus und spielst es der Klasse mithilfe der Tonfreigabe ab.
- Du machst Bewegungen vor (z.B. im Kreis drehen, hüpfen, in die Knie gehen, Hampelmann).
- Die Schüler*innen spiegeln die Bewegungen und führen sie so lange zur Musik aus, bis du durch Zuruf an eine andere Person übergibst (nach etwa 15 Sekunden).
- Die nächste Person führt eine neue Bewegung ein, die vom Rest gespiegelt wird, und übergibt dann an eine dritte Person – und so weiter. Für den Zuruf wird kurz das Mikrofon angeschaltet.
- Die Übung endet, wenn das Lied zu Ende ist, alle Lernenden an der Reihe waren oder du ein entsprechendes Zeichen gibst.

EINFACH   **AB 5**   **3-5 MIN**

TIPPS FÜR DIE MODERATION

Manche Menschen haben eine höhere Hemmschwelle, sich vor den Augen anderer rhythmisch zu bewegen. Lass dich nicht entmutigen, falls manche Schüler*innen anfangs etwas schüchtern sind und die Kamera nicht anschalten möchten. Beginne immer mit einem sehr einfachen Bewegungsmuster, dem alle folgen können, und motiviere extrovertierte Lernende, ihr Kamerabild anzuschalten und die nächste Bewegung vorzumachen. Mach die Methode nach und nach zur Routine und lass die Klasse die musikalische Begleitung selbst bestimmen. Und wer weiß, vielleicht entsteht nach und nach ein eigener Klassentanz?

MÖGLICHE VARIATIONEN

- Für Fortgeschrittene: Fordere deine Klasse geistig zusätzlich heraus, indem jedes neue Bewegungsmuster die vorherigen ergänzt statt ersetzt, sodass nach einigen Runden eine kleine Choreografie entsteht.

- Für Wettbewerbsbegeisterte: Ergänze die Choreografie-Variante um einen Wettbewerbscharakter, indem Schüler*innen ausscheiden, die einen Fehler in der Reihenfolge begehen. Wer am Ende fehlerfrei durch alle Durchgänge gekommen ist, gewinnt.

WO IN DER WELT IST ...

GESPRÄCHE ANREGEN, WAHRNEHMEN UND NAMEN LERNEN ...

Die anderen sind gar nicht so weit weg, wenn auch an unterschiedlichen Orten. Gemeinsam können wir herausfinden, wo sie sind! Angelehnt an das bekannte Kinderspiel „Ich sehe was, was du nicht siehst!" bringt diese Methode im digitalen Raum Gespräche in Gang und ermutigt alle dazu, die Kamera zu nutzen und sich auf den Bildschirm zu konzentrieren. Dadurch, dass alle teilnehmenden Personen einmal beim Namen genannt werden, begreifen sie sich als wichtigen Teil der Gruppe.

ZIELE DER METHODE

- Auflockerung
- Verbindung mit der Gruppe herstellen
- Teilnehmende besser kennenlernen und Gesprächsanlässe schaffen

ABLAUF DER METHODE

- Alle Teilnehmenden schalten die Kameras und Mikrofone ein.

- Die Moderation beginnt und fragt, wo sich die erste Person befindet. Danach geht es weiter, bis alle wissen, wo alle sind.

- Das Spiel wird kurz erklärt: Da die Kacheln bei allen Personen in unterschiedlicher Reihenfolge angezeigt werden, wollen wir uns gegenseitig zeigen, wo in der Welt (auf dem Bildschirm) bei uns die anderen Personen angezeigt werden. Es wird die Frage gestellt: „Wo ist bei euch ... Jonas?" Alle Teilnehmenden suchen Jonas, bei jungen Teilnehmenden oder zum akuten Kennenlernen können alle den Namen wiederhohlen und rufen: „Jonas iiiiiist ... da!" und zeigen nach links, rechts, oben oder unten, je nachdem wo Jonas ist. Jonas zeigt auf sich und ist als nächstes dran.

- Alternativ und vor allem bei regelmäßigen Gruppen bringt die digitale Variante von „Ich sehe was, was du nicht siehst und das ist rot, rund, groß etc." noch mehr Gesprächsstoff. Hier wird der eigene Kontext eingebunden und man lernt sich kennen. Auch wenn das Ganze wie ein Kinderspiel anmutet, wir haben es auch schon mit Erwachsenen erfolgreich gespielt und Spaß gehabt.

EINFACH   **6-30**   **5-10 MIN**

TIPPS FÜR DIE MODERATION

Auch Teilnehmende ohne Kamera können gerne mitmachen! Die Teilnehmenden können auch aufgefordert werden, aufzustehen – dann ist noch mehr Bewegung möglich.

MÖGLICHE VARIATIONEN

- Um das Spiel noch dynamischer zu gestalten, können Rhythmus und Tempo vorgegeben werden.

- Es kann auch mit Gegenständen gespielt werden, z.B.: „Wo ist ... der runde rote Gegenstand?"

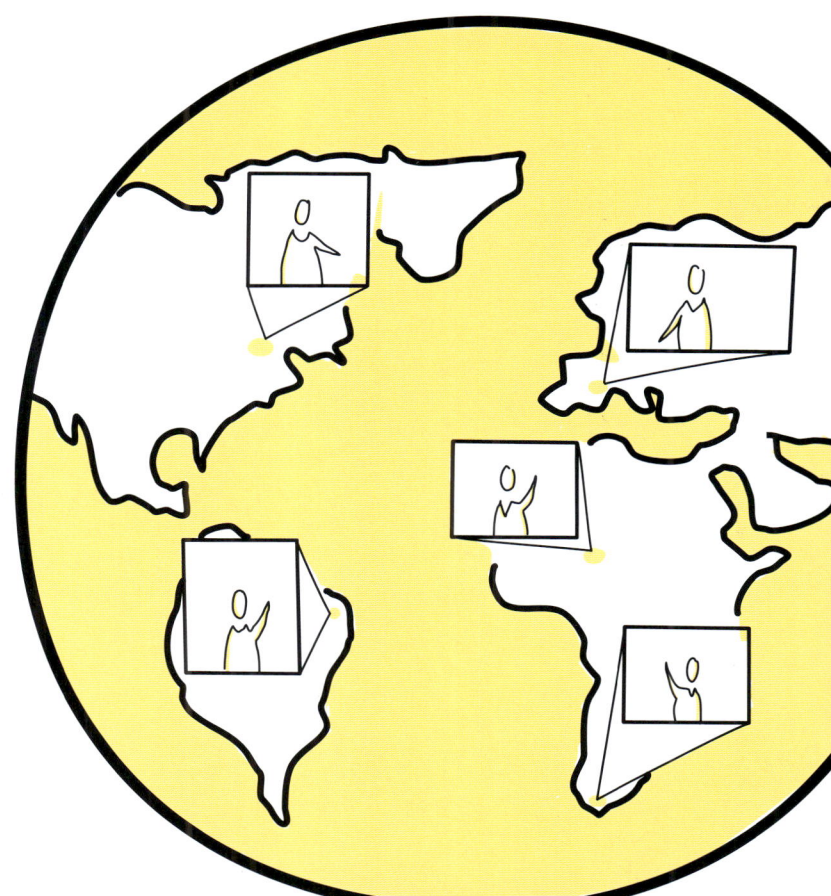

WARM-UP-FEUERWERK

IDEEN-EXPLOSION FÜR NEUE ENERGIE!

Die Luft ist raus und die Lernenden sind müde? Der Kopf raucht und die Gehirnwindungen sind verknotet? Ein kurzer, schneller Energizer hilft hier, um wieder in die Aktivität zu kommen. Die Lernenden werden auf einer anderen, intuitiven Ebene angesprochen und können kurz abschalten und so neue Energie tanken.

Beim Warm-Up-Feuerwerk sammeln die Teilnehmenden in kurzer Zeit möglichst viele Assoziationen zu einem vorgegebenen Begriff. Dieser Energizer kann sowohl vollkommen losgelöst von Unterrichtsinhalten genutzt werden, als auch thematisch eingebunden werden und so auch zu einem neuen Thema hinführen.

ZIELE DER METHODE

- Aktivierung der Gruppe
- Kopf freimachen
- Spaß

WAS BRAUCHE ICH DAZU?

- Für diese Methode bietet sich ein Umfrage-Tool an, welches Wortwolken erstellen kann oder eine ähnliche Darstellung und Bündelung von Begriffen erlaubt. Außerdem solltest du dir eine (digitale oder analoge) Stoppuhr bereitlegen.

- Bereite mit einem Tool deiner Wahl folgende Aufgabenstellung vor: In 60 Sekunden – Was fällt dir zum Begriff FEUERWERK ein? (Hier kannst du natürlich beliebige Begriffe und Zeiten einsetzen).

- Bereite eine Stoppuhr mit der vorgegebenen Zeit vor.

ABLAUF DER METHODE

- Stelle den Lernenden den Zugang zur Umfrage zur Verfügung (über einen QR-Code oder über einen Link im Chat der Videokonferenz).

- Starte die Zeit und gib der Gruppe ein Startsignal.

- Jede*r gibt nun so viele Assoziationen zum Begriff FEUERWERK ein, wie ihm oder ihr einfallen – so schnell wie möglich.

- Wenn die Zeit um ist, gib ein Endsignal und schaut, wie viel die Gruppe geschafft hat. Feiert euch gemeinsam – nun kann es wieder weitergehen.

EINFACH **AB 3** **3-5 MIN**

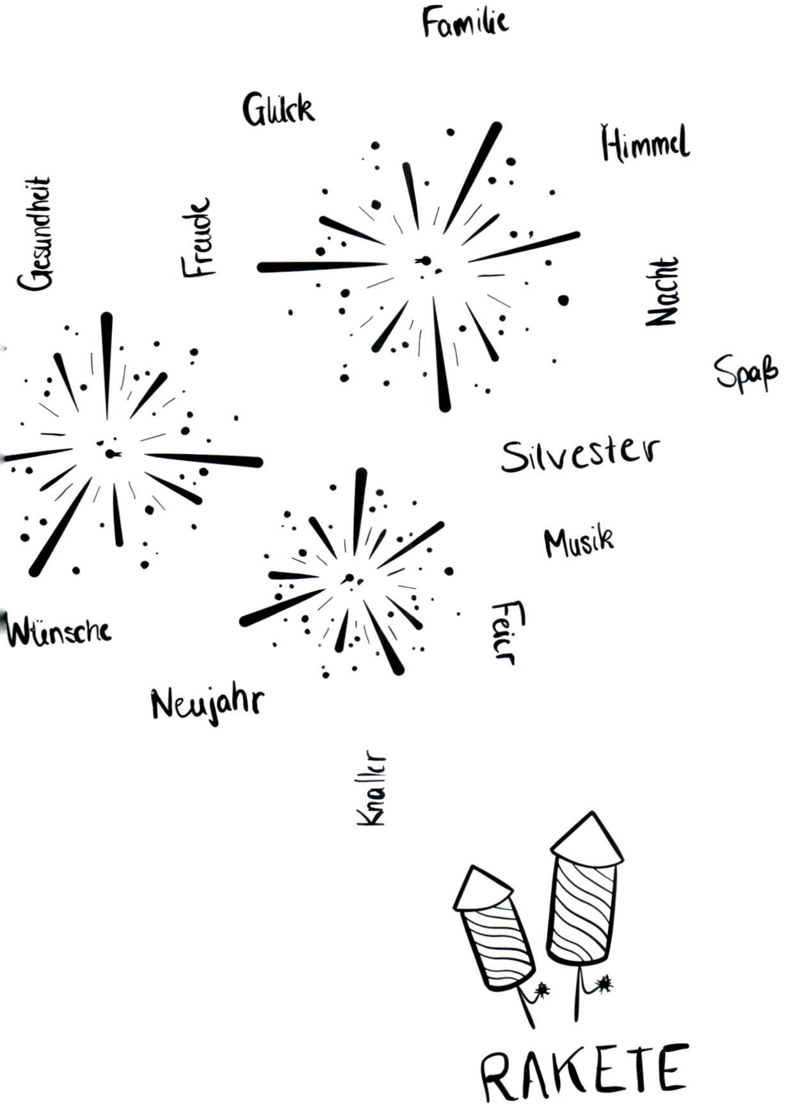

Familie

Glück

Himmel

Gesundheit

Freude

Nacht

Spaß

Silvester

Musik

Wünsche

Feier

Neujahr

Knaller

RAKETE

TIPPS FÜR DIE MODERATION

Damit eine lockere und aktivierende Stimmung aufkommt, hilft es, wenn du diese Methode sehr motivierend anmoderierst und ein spielerisches Stress-Gefühl erzeugst: „Schnell, schnell, ihr habt nur wenige Sekunden Zeit, also haut in die Tasten!"

Wenn du diesen Energizer häufiger einbaust, kann es Ziel des Energizers sein, sich jedes Mal in der Menge der Begriffe oder in der Kürze der Zeit zu übertreffen. Wenn du das Assoziationsspiel inhaltlich eingebunden hast, eignen sich die besonders häufig aufgetauchten Begriffe gut für eine Überleitung zum Thema.

MÖGLICHE VARIATIONEN

Wettbewerbsmodus: Eine andere Variante ist es, das Spiel gegeneinander durchzuführen. Hierfür benötigt jede*r einen Zettel und Stift und schreibt handschriftlich möglichst viele Begriffe auf. Anschließend wird gezählt, wie viele Begriffe jede*r gefunden hat und schreibt die Zahl in den Chat. So kann ein*e Sieger*in ermittelt und diese*r gefeiert werden. Diese Variante eignet sich auch, wenn du oder die Klasse sich noch schwer damit tun, kurzfristig zusätzliche Tools in einer Videokonferenz zu nutzen.

EMOJI-STIMMUNGSBILD

EIN BILD SAGT MEHR ALS TAUSEND WORTE ...

Mithilfe des Emoji-Stimmungsbilds lässt sich schnell ein Überblick darüber gewinnen, wie es den Teilnehmenden gerade geht, lustige Zeichnungen inklusive! Mit dem kurzen Wechsel in den analogen Raum dient sie zudem der Auflockerung und bringt Abwechslung in das digitale Unterrichtsgeschehen.

ZIELE DER METHODE

- Sich der eigenen Emotion/Stimmung bewusst werden
- Stimmung der Gruppe transparent machen

ABLAUF DER METHODE

- Bitte die Teilnehmenden, Zettel und Stift zu holen.
- Lasse alle Teilnehmenden ein Emoji zeichnen, das ihre aktuelle Stimmung widerspiegelt.
- Wenn alle fertig sind, werden alle Kameras eingeschaltet. Auf ein Kommando hin halten alle Personen ihr Emoji in die Kamera und schauen sich an, wie die Stimmung der anderen ist.

EINFACH **2–40** **2–5 MIN**

TIPPS FÜR DIE MODERATION

Wenn Teilnehmende keine Kamera haben, können sie alternativ ein Wort in den Chat schreiben und ebenfalls auf das Kommando abschicken. Die Zeichenzeit kann zudem begrenzt werden, z.B. auf 20 Sekunden.

MÖGLICHE VARIATIONEN

- Die Methode kann sowohl zum Einstieg verwendet werden, als auch dazu, eine kurze Energieabfrage zu machen. Wenn viele Teilnehmende Emojis verwenden, die deutlich machen, dass sie keine Energie mehr haben, kann beispielsweise eine spontane Pause eingeschoben werden.

- Es können auch die Emoji-Funktionen des Videokonferenz-Tools genutzt werden.

- Noch lustiger wird es, wenn sogenannte Kamera-Tools genutzt werden, die das Gesicht verändern. Da hierfür Drittsoftware nötig ist und vermutlich auch nicht alle Schüler*innen diese nutzen können, empfehlen wir das eher für kleine Gruppen, die sich gut kennen und entsprechende Software nutzen können. Entsprechende Software findet man sehr einfach über eine Internetsuche. Diese wird ständig aktualisiert, daher wollen wir an dieser Stelle keine spezielle für euch empfehlen, die am Ende nicht funktioniert.

NUTZBAR AUCH
IN PRÄSENZ

Noch eine Schippe mehr: Wenn ihr auf den Geschmack gekommen seid, könnt ihr auch vorgefertigte Emoji-Bilder oder „virtuelle Landkarten" nutzen, auf denen sich verschiedene Stimmungen verorten lassen. Die Teilnehmenden nutzen dann die Kommentarfunktion oder einen Avatar auf einem Board-Tool und positionieren sich dort, wo sie sich gerade wohl fühlen.

TEIL 4 – UMSETZUNG UND NÄCHSTE SCHRITTE

KAPITEL 11

DEINE UMSETZUNG
IN DER PRAXIS

AGENDABEISPIEL — INHALTLICHER EINSTIEG

METHODEN SINNVOLL IM UNTERRICHT EINSETZEN

Du hast nun eine Menge Methoden an der Hand, die du für Online-Unterricht nutzen und natürlich auch beliebig abwandeln kannst. Doch Methoden allein machen noch keinen guten Unterricht. Zu Beginn dieses Buches haben wir dir bereits eine kleine Einführung gegeben, was du bei Aufbau und Rahmung für den Online-Unterricht beachten solltest. Um das Ganze etwas konkreter werden zu lassen, stellen wir dir im Folgenden zwei beispielhafte Stundenabläufe vor. Um nicht komplett auf der Metaebene zu verbleiben, haben wir sie anhand von zwei konkreten Anwendungen dargestellt.

Um die Lernenden in den Kontakt miteinander zu bringen, gehören für uns eigentlich zu jeder guten Lerneinheit auch Phasen in Breakout-Räumen, also Kleingruppen dazu. Nach dem Einstieg und der Vertiefung oder Reflexion in Breakout-Räumen können Phasen der Kollektivierung im Klassenkontext folgen, um einen gemeinsamen Bezug und eine gemeinsame Ergebnissicherung zu ermöglichen. Diese Struktur findest du auch in unseren Beispiel-Sessions wieder. Diese Beispiele dienen dir dazu, ein paar konkrete Gedanken für die Verwendung der Methoden im Lernkontext zu haben. Es sind viele andere und veränderte Anwendungen denkbar. Die Methoden in diesem Buch sind ansonsten sehr flexibel auch in diversen Lernkonzepten und Prozessen einsetzbar, die auf Eigenverantwortung, Kreativität, Reflexionsprozessen, Flipped-Classroom-Ansätzen und ähnlichen Prämissen basieren.

LERNSESSIONS ZU INHALTLICHEM EINSTIEG & VERTIEFUNG

Eine gute Anwendungsmöglichkeit für die Methoden in diesem Buch sind inhaltliche Sessions, die dazu anregen, sich mit dem Thema aus der eigenen Perspektive auseinanderzusetzen. Diese Form von Unterrichts- oder Workshopstruktur ist geeignet, einen Einstieg in einen neuen Themenkomplex zu gestalten oder das Selbstlernen mit einer inhaltlich vertiefenden Session zu unterstützen. Gerade bei Einheiten, in denen du Inhalte vermitteln willst, ist es wichtig, Motivation zu erzeugen oder Relevanz zu vermitteln, warum dieses Thema in der Lebenswelt der Schüler*innen oder anderer Menschen von Bedeutung ist. Im besten Fall entsteht dabei früh ein Diskurs oder ein Austausch der Schüler*innen untereinander, dabei werden direkt die unterschiedlichen Blickwinkel deutlich, die dann im Folgenden dazu einladen, erforscht und untersucht zu werden. Wichtig ist es für sich zu entscheiden, ob die Session für sich steht oder ob du im Vorfeld bereits Lernmaterialien oder Impulse nutzt, etwa um die Schüler*innen bereits mit dem Thema vertraut zu machen oder sie mit Reflexionsfragen einzuladen, über etwas nachzudenken. Außerdem solltest du im Vorfeld entscheiden, wie stark die Stunde einen Prozess einläuten oder begleiten soll, der danach weiterläuft. Sollten die Schüler*innen an dem Thema weiterarbeiten, bietet es sich an, in der Stunde bereits Lerngruppen zu formen, Themenblöcke zuzuordnen oder erste Schritte in den Prozess zu gehen, dann steht die Stunde nicht für sich, sondern ist besser in dein Lernkonzept eingebettet.

INHALTLICHER EINSTIEG – BEISPIELTHEMA: ERINNERUNGSKULTUR & DEUTSCHE GESCHICHTE

09:50 Uhr – Ankommen (bei Onlinesession Videokonferenzraum öffnen)

10:00 Uhr – Gemeinsamer Start

- Check-In/Warm-Up – z.B. mit *Drei Hashtags*: Welche nationalen/internationalen Gedenktage kennst du?

10:05 Uhr – Einstieg ins Thema

- Austausch in *Breakout-Räumen* (3er bis 4er Gruppen). Leitenden Fragen z.B.:
  - Welche Formen gibt es, um an historische Ereignisse zu erinnern?
  - Wie habt ihr selbst verschiedene Formen der Erinnerung erlebt?
  - An welche historischen Ereignisse wird in Deutschland besonders viel erinnert und auf welche Art?
- Wichtige Stichpunkte werden von den Schüler*innen auf einem Board-Tool oder in einem Dokument gesammelt.
- Im Anschluss gemeinsam auf die Ergebnisse blicken. Du kannst Punkte herausgreifen, nachfragen oder ergänzen.

10:30 Uhr – Thema vertiefen & Inhalte erarbeiten

- *Breakout-Räume*: Schüler*innen erhalten Material (z.B. Videoschnipsel, Texte) und erarbeiten in ihren Gruppen eine Definition von Erinnerungskultur und halten diese auf einem Board-Tool fest.

11:00 Uhr – Kurze Pause oder Energizer

11:05 Uhr – Kritische Auseinandersetzung

- Mit einer *stillen Diskussion* erörtern die Schüler*innen die Vor- und Nachteile der jeweiligen Definitionen.

11:20 Uhr – Zusammenfassung (durch dich oder Schüler*innen)

11:25 Uhr – Reflexion & Check-Out

- *Klebezettel-Methode:* Was möchte ich für mich mitnehmen?

11:30 Uhr – ENDE

AGENDABEISPIEL — REFLEXION

REFLEXIONS-SESSIONS IN EINEM LERNPROZESS

Wenn du eine Session gestaltest, die sehr stark in einen selbst-gesteuerten Lernprozess eingebettet ist oder die mit einem Flipped-Classroom-Ansatz verknüpft ist, solltest du vor allem für einen guten Austausch und Kontextualisierung sorgen. Dabei bieten sich vor allem Reflexionsfragen oder Aufgaben in kleineren Gruppen an, eine Diskussion in der Großgruppe oder visuelle Kollektivierungen sowie Lernpräsentationen können aber auch dazu beitragen, Inhalte für alle sichtbar zu machen und vorher fragmentiertes Wissen für alle verständ-lich sichtbar zu machen. Unser zweites Anwendungsbeispiel zeigt, wie die vorgestellten Methoden sinnvoll in einer solchen Session genutzt werden können.

WAS IST VOR DER SESSION PASSIERT?

Die Lernenden hatten im Vorfeld die Aufgabe, sich eine kurze (vorgegebene) Dokumentation auf YouTube zum Thema „Poe-try Slam" anzuschauen und zu wichtigen Fragestellungen ihre Antworten in einem kollaborativen Lernboard oder Dokument zu sammeln (z.B.: Welche Regeln gibt es beim Poetry Slam? Welche Texte hört man bei einem Poetry Slam? Wer tritt bei einem Poetry Slam auf?). Darüber hinaus sollten sie sich selbstständig auf YouTube einige Poetry-Slam-Performances anschauen und ihre Lieblings-Performance auf einem Board-Tool verankern und dort begründen, warum sie diesen Clip ausgewählt haben.

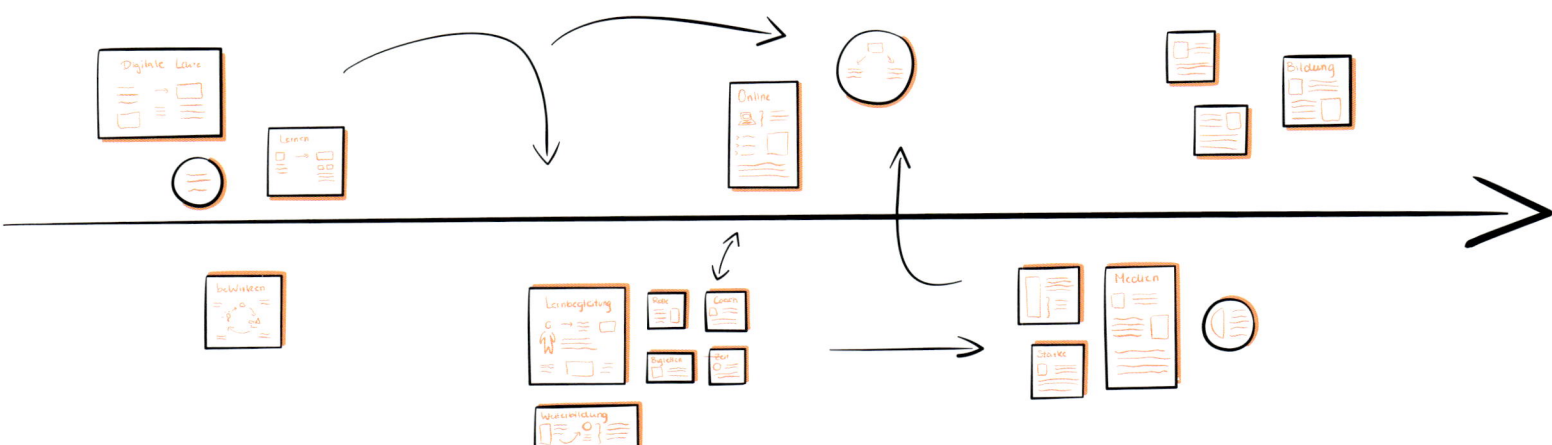

HALTEPUNKT IN EINEM LERNPROZESS MIT ELEMENTEN VON SELBSTORGANISATION & FLIPPED CLASSROOM

REFLEXION & AUSTAUSCH BEI SELBSTORGANISIERTEM LERNEN – BEISPIELTHEMA: POETRY SLAM

09:50 – Ankommen (bei Onlinesession Videokonferenzraum öffnen)

10:00 – Check-In in *Breakout-Räumen*

- Was ist dir beim Schauen der Poetry Slams aufgefallen?
- Wie ging es dir dabei/welche Texte haben dich berührt?

10:15 – Lerninhalte/Erkenntnisse aus selbstständiger Arbeitsphase kollektivieren

- Das Board/Dokument mit wichtigen Aspekten von Poetry Slam gemeinsam anschauen – Fragen klären, Ergänzungen machen.

10:20 – Verknüpfung mit bestehendem Wissen und kritische Auseinandersetzung

- *Fishbowl-Diskussion*: Welche Unterschiede bestehen zwischen Poetry Slam und klassischer Lyrik? Welche Vor- und Nachteile bieten die verschiedenen Formen?

10:35 – Organisatorisches

- Es werden vertiefende Themen in der Klasse verteilt, zu denen kleine Präsentationen für einen *Gallery Walk* erarbeitet werden sollen (z.B. Geschichte des Slams, verschiedene Formate von Slam, Kritik an der Poetry-Slam-Kultur).

10:40 – Check-Out

- *Blitzlicht* zum Ankreuzen

10:45 – ENDE

TEIL 4 – UMSETZUNG UND NÄCHSTE SCHRITTE

KAPITEL 12

GEMEINSAM SCHULE VERÄNDERN

DEINE NÄCHSTEN SCHRITTE ...

AUF DEM WEG, SCHULE ZU VERÄNDERN

Wenn du diese Seite liest, hast du dich vielleicht einmal durch unser Buch gearbeitet und viele neue Ideen gesammelt oder du bist neugierig direkt hier hingesprungen. Diese Neugierde ist es auch, die uns jeden Tag antreibt und uns Mut macht, dass sich Bildung und Lernen verändern können.

Dein Mut und Engagement können einen Unterschied machen und wir hoffen, dass ein paar Impulse oder Gedanken aus diesem Buch auch dir auf deinem Weg ein Stück weiterhelfen. Wir möchten hier noch ein paar Tipps und Erfahrungen für deine nächsten Schritte mit dir teilen. Darunter vier konkrete Anlässe, jetzt in deinem Unterricht und deiner Schule Veränderung anzustoßen sowie acht ganz konkrete Tipps aus unserer Erfahrung mit Veränderungsprozessen in Schulen und Organisationen, die dir auf deiner Reise helfen können.

DEINE HELDENREISE

Vielleicht erinnerst du dich an die Methode „Story Pitchen", bei der die Idee der „Heldenreise" zum Erzählen einer guten Geschichte genutzt wird? Die vielen Veränderungen, die sich durch online und hybriden Unterricht ergeben haben, legen den Grundstein für eine ganz eigene Geschichte. Zum ersten Mal seit vielen Jahrzehnten stehen wir und viele Schulen vor einer echten Bedrohung und Herausforderung von außen. Um diese Herausforderung zu bestehen, hast du dich auf den Weg gemacht, Dinge ausprobiert, Lösungen gefunden, dein

Bestes gegeben und bist jetzt an diesem Punkt mit unserem Buch in deinen Händen gelandet. Vielleicht erinnerst du dich an gute Geschichten, in denen die Protagonist*innen durch Krisen gehen, über sich hinauswachsen und dann in ihre alte Heimat zurückkehren. Wenn sie dort ankommen, hat sich vieles verändert und ihre Heimat ist nicht mehr wie vorher, aber auch sie selbst haben sich verändert und sind an den Herausforderungen gewachsen. Das Gleiche können wir alle in Schule erleben, wenn es heißt, nach der Krisenzeit wieder in einen normalen Alltag zu finden.

4 ANLÄSSE FÜR VERÄNDERUNG & 8 KONKRETE TIPPS FÜR DEINE REISE ...

Das sprechende Buch
bewirken.org/a26

IHR SEID DIE HELD*INNEN EURER GESCHICHTE

FEIER DEINEN ERFOLG

Du und deine Kolleg*innen seid die Held*innen dieser Geschichte. Mit eurer Hilfe haben eure Schüler*innen durch diese Zeit gefunden und ihr habt es ermöglicht, dass Schule und Raum für sozialen Austausch weiterhin möglich waren. Feiert diesen Erfolg, ihr habt es euch verdient. Nehmt alle Erfahrungen, Erlebnisse und Geschichten aus dieser Zeit mit in euren großen Rucksack, damit ihr für den weiteren Weg gut ausgerüstet seid. Ihr habt euch verändert, Schule hat sich verändert, ihr könnt nicht mehr in den selben Modus zurückkehren, den es einmal gab. Auch eure Schüler*innen sind andere, sie haben Erfahrungen gemacht, Dinge über das Lernen gelernt, die jetzt im neuen Normalzustand wichtig werden. Eine gute Chance, ein neues Abenteuer zu erleben.

LERNE AUS DEINEN FEHLERN

Held*innen sind nicht perfekt, sie machen Fehler, sie erkennen ihre Schwächen an und nutzen dieses Wissen, um am Ende die Herausforderung zu meistern. Egal wo du gerade stehst in deiner eigenen Geschichte, vergiss nicht, dass du gemeinsam mit deinen Schüler*innen lernen kannst. Schule kann und muss nicht perfekt sein, auch dein Unterricht nicht. Je mehr Raum für Neues und auch für Fehler da ist, desto eher bist du auf dem richtigen Weg, deinen Schüler*innen vorzuleben, was es heißt zu lernen. Denk immer daran: Auch Held*innen haben Wegbegleiter*innen, die ihnen helfen, Orientierung zu finden, Ideen zu entwickeln oder neuen Mut zu fassen. Suche dir solche Menschen. Auch wir möchten dich auf deinem Weg begleiten und stehen gern an deiner Seite.

VIER ABENTEUER FÜR VERÄNDERUNG

1. NEUE HARD- & SOFTWARE ALS CHANCE FÜR EIN NEUES SCHULKONZEPT NUTZEN

Viele Schulen haben vor allem in den letzten Monaten angefangen, Unterrichtsräume, Schulorganisation und auch die Werkzeuge des Lernens zu digitalisieren. Tablet-Klassen, Schul-Clouds und digitale Stundenpläne werden langsam in vielen Schulen etabliert. Eine Entwicklung, die längst überfällig ist, aber vor der auch viele Sorge haben. Auf der einen Seite gibt es Bedenken zur praktischen technischen Umsetzung, den Umgang mit dieser Hard- und Software, dem Datenschutz und anderen Fragen der Administration und auf der anderen Seite steht die Frage, wie diese Veränderung das Lernen selbst verändert. Dabei wird schnell deutlich, dass es auf einige der ersten Fragen einfache Antworten gibt, auch wenn die Umsetzung Zeit und Ressourcen benötigt. Auf die Fragen nach der Veränderung des Lernens gibt es allerdings keine einfache Antwort. Deshalb erleben wir leider in vielen Schulen, dass diese Frage überhaupt nicht diskutiert wird. Zum Thema Digitalisierung wird gerne gesagt: „Wenn schlechte Prozesse digitalisiert werden, können auch nur schlechte digitale Prozesse entstehen." Für Schule bedeutet das, dass digitale Tools alleine noch keine tiefgreifende (positive) Veränderung für das Lernen mit sich bringen. Wir haben zu Beginn des Buches über die veränderten Anforderungen an Lernen in einer digitalen Gesellschaft gesprochen. Dieses Abenteuer, für das wir gerade in vielen Schulen die Werkzeuge bekommen, beginnt jetzt und braucht neue Held*innen, die bereit sind, die Veränderung auch auf pädagogischer Ebene mitzugestalten.

FRAGEN, DIE DIR BEI DIESEM ABENTEUER HELFEN KÖNNEN:

- Wie können diese Werkzeuge den Schüler*innen ein selbstbestimmteres Lernen ermöglichen?

- Wie kann ich externe und digitale Lernangebote als festen Bestandteil des Lernprozesses einbauen?

- Wie können wir interaktiver an Themen und auch an dem gemeinsamen Wissen arbeiten?

- Wie kann ich den Lernprozess oder Lernpfad der Schüler*innen oder Gruppen digital besser sichtbar machen und damit auch besser unterstützen?

- Wie können diese Werkzeuge und Möglichkeiten die Unterrichtsstruktur und vielleicht auch die Klassenstruktur aufbrechen?

2. NEUE ROLLENERFAHRUNGEN & ERLEBNISSE VON LEHRENDEN UND LERNENDEN NUTZEN

Die Rolle als Lehrkraft ist schon immer eine sehr facettenreiche gewesen, die eigentlich viele verschiedene Rollen in einer großen Aufgabe vereint. Wissensvermittlung, Erziehung, Aufsicht und Betreuung, soziale und psychologische Unterstützung, Aufbereitung von Fachwissen, Beurteilung von Leistung und vieles mehr. In den letzten Monaten hat sich diese Rolle in vielen Fällen verändert und auch die Schwerpunkte haben sich stark verschoben. Auf einmal kamen auch digitale Administration, Entwickeln von neuen Unterrichts- und Schulkonzepten und die Begleitung der Selbstorganisation der Lernenden zu hause dazu. Auch für Schüler*innen und Eltern haben sich die Rollen verändert. Diese ungewollte Situation hat uns allen Erfahrungen ermöglicht, die uns in Zukunft helfen können, unsere Rollen neu oder anders zu definieren. Die Digitalisierung unserer Gesellschaft bringt es mit sich, dass die Rolle der Wissensvermittlung ein Auslaufmodell ist. Dies bedeutet auch, dass aus psychologischer und didaktischer Sicht die Bewertung von Leistung nicht alleine in unseren Händen liegen kann. Im Gegenteil – wir könnten die Eigenverantwortung und Selbstorganisation von Schüler*innen fördern, um uns den Druck von alleiniger Aufsicht und Koordination des Lern-

erfolgs zu nehmen und mehr Raum für andere Rollenaspekte zu erhalten (z.B. persönliche Begleitung). Ein spannender Versuch, bei dem wir dich gerne begleiten.

FRAGEN, DIE DIR BEI DIESEM ABENTEUER HELFEN KÖNNEN:

- Welche Aspekte meiner Rolle haben sich verändert?
- Was habe ich daraus bisher lernen können?
- Wo haben Schüler*innen Teile meiner alten Rolle mit übernommen?
- Bei welchen Aufgaben fühle ich mich wohl und wo brauche ich Unterstützung?
- Was hat mir geholfen, die Eigenverantwortung meiner Schüler*innen zu erhöhen?
- Was kann ich in Zukunft tun, um die Erwartungen an den Lernerfolg auch auf die Schüler*innen zu übertragen?

3. SELBSTORGANISATION STÄRKEN UND WEITERENTWICKELN

Schule in der Corona Pandemie zu meistern, mutet wie der größte Schulversuch an, den wir in unserem Land (vielleicht sogar weltweit) je gesehen haben. Das Funktionieren von Schule und Lernen hatte auf einmal viele neue Voraussetzungen und verteilte sich auf neue Schultern und Prozesse, die erst erkundet, definiert und ausprobiert werden mussten. Viele Rückmeldungen aus den Schulen und von Lehrenden in unserer digitalen Schulakademie zeigen, dass die Schulverwaltungen und auch die Organisation Schule auf diese Krise nicht vorbereitet war und deshalb massiv überfordert ist mit der Gestaltung dieser herausfordernden Situation, die noch lange nach Ende der Pandemie spürbare Folgen hinterlassen wird.

Eine große Welle der Schulentwicklung wird in den nächsten Monaten und Jahren einsetzen, wenn wir Zeit und Kraft haben, neues Wissen zu festigen. Ein zentraler Punkt, den wir überall als Erfolgsfaktor beobachtet haben, ist die Selbstorganisation und Eigenverantwortung der Schüler*innen. Dabei sehen wir Selbstorganisation nicht nur als Lernmodell und wichtigsten Faktor für das Lernen im digitalen Zeitalter, sondern auch als Voraussetzung für gute Schulentwicklung. Das heißt, es braucht Entscheidungskompetenz und Ressourcen vor Ort sowie gute Begleitung, um Veränderungen auch umsetzen zu können. Es ist also Zeit für eine Emanzipation im Lernen und in der Gestaltung von Schule vor Ort. Gemeinsam und partizipativ mit der ganzen Schulfamilie.

FRAGEN, DIE DIR BEI DIESEM ABENTEUER HELFEN KÖNNEN:

Wie hoch ist die Eigenverantwortung meiner Schüler*innen und wie unterstützen sie mich in meiner Aufgabe als Lehrkraft oder Lernbegleitung?

- Was habe ich in den letzten Monaten selbst auf die Beine gestellt und geschafft?

- Welche Möglichkeiten habe ich, Dinge zu verändern?

- Wann und wie habe ich diese Möglichkeiten und Grenzen meines Gestaltungsspielraums das letzte Mal wirklich getestet?

- Wo handeln und agieren wir als Kollegium selbstständig und wo reagieren wir nur auf Anforderungen oder Vorgaben von außen?

- Welche Ressourcen haben wir, um Veränderung in Schule umzusetzen und wer kann uns dabei helfen?

4. SCHULE ALS SOZIALER TREFFPUNKT & GEMEINSAMER REFLEXIONSRAUM

Es gibt seit vielen Jahren Kritiker, die fragen, ob und warum es Schule als gemeinsamen Ort braucht, wenn Informationen und Lernen doch orts- und zeitunabhängig möglich ist. Die Pandemie und damit die umfassende Veränderung von Schule weg von einem gemeinsamen Lernort hat allerdings gezeigt, dass dies zu großen sozialen und didaktischen Problemen führt, die wir jedenfalls nicht kurzfristig mit den bisherigen technischen Mitteln lösen können.

Diese Probleme (Vereinsamung, Verstärkung von sozialer Ungleichheit) wurden 2020 bereits durch verschiedene Jugendstudien bestätigt und zeigen, dass es reale Orte des sozialen Miteinanders, Austausches und der Diskussion braucht. In den letzten Monaten ist allerdings auch deutlich geworden, dass Lernen nicht nur in der Schule möglich ist. Es braucht also vielleicht neue Definition des räumlichen Ortes Schule. Was passiert an diesem gemeinsamen physischen Ort, was kann und muss zu hause oder an anderen Lernorten passieren? Daraus ergeben sich auch Fragen nach der baulichen Gestaltung von Schule sowie der zeitlichen Struktur, in der wir lernen. Wofür wird Zeit eingeräumt, wie ist sie strukturiert und welchen Raum gibt es für Selbstorganisation? Ein spannendes Abenteuer, das uns in den nächsten Jahren beschäftigen wird.

FRAGEN, DIE DIR BEI DIESEM ABENTEUER HELFEN KÖNNEN:

Was ist für Schüler*innen am bedeutsamsten am Ort Schule und in der Zeit, die sie dort verbringen?

- Welche Vorteile hat oder hatte der hybride oder online Unterricht für meine Schüler*innen?

- Was muss wirklich in Präsenz passieren und wo können meine Schüler*innnen selbstständig agieren?

- Wie groß ist der Anteil an Interaktion, also dem direkten Austausch untereinander, in meinem Unterricht?

- Wie viel Zeit haben die Schüler*innen an einem Schultag für den informellen sozialen Austausch?

- Wie hoch ist der Zeitanteil, in dem unsere Schüler*innen ihren Schultag selbst einteilen oder gestalten können?

ACHT TIPPS FÜR DEINE REISE

GUTE VERÄNDERUNGSBAUSTEINE FÜR DEINE REISE HIN ZU NEUEN LERN- UND LEHRFORMEN FÜR EINE SCHULE DER ZUKUNFT

Der Weg der Veränderung ist immer ein Marathon und kein Sprint, bei dem es viele tolle Momente zu feiern gibt, aber auch Widerstand und Zeiten von Herausforderungen und Rückschlägen gemeistert werden wollen. Ein Veränderungsprozess ist immer ein Lernprozess, in dem wir aus Fehlern lernen können, um uns gemeinsam Schrittweise nach vorne zu bewegen. In diesem Buch wollen wir das Thema Schulentwicklung nicht ausführlich vertiefen, dir aber mit den folgenden acht Tipps für Veränderung ein paar wichtige Erfolgskriterien für gute Schulentwicklung mit auf den Weg geben.

Diese Tipps sind kein konkretes Veränderungsmodell und kein fertiges Rezept für deine Schulentwicklung, haben sich aber aus unserer Erfahrung bewährt und es sind praktische Hinweise, die sich aus vielen Transformations-Modellen ableiten lassen. Wir beschäftigen uns in unserer Arbeit auch mit Veränderung in Organisationen außerhalb von Schule und möchten dazu beitragen, dass Wissen aus diesen Veränderungsprozessen auch deiner Schulentwicklung helfen kann. Falls du das Thema vertiefen möchtest, begleiten wir dich gerne. Wir helfen mit Workshops, Coachings und Fortbildungsangeboten in der digitalen Schulakademie für deine konkrete Situation. Melde dich gerne bei uns.

1. KLEIN ANFANGEN & AUSPROBIEREN

In kleinen Schritten kannst du lernen und Erfahrungen sammeln, ohne in Gefahr zu geraten, direkt Widerstand zu erzeugen. Vielleicht findest du so auch hilfreiche Mitstreiter*innen.

2. ALLIANZEN BILDEN (MITSTREITER*INNEN FINDEN)

Finde andere, die mit dir gemeinsam auf die Reise gehen, mit denen du dich austauschen kannst und die dich unterstützen. Gemeinsam seid ihr stärker.

3. UNTERSTÜTZUNG & BEGLEITUNG HOLEN

Für viele Herausforderungen gibt es passende Hilfsangebote und Tipps, die dir helfen können. Wir empfehlen dir auch eine externe Begleitung und Moderation für deine Schulentwicklung.

4. ABSTAND VOM ALLTAG GEWINNEN

Veränderung braucht Distanz, um neue Perspektiven zu erhalten und Zusammenhänge zu erkennen. Schulentwicklung ist daher erfolgreich, wenn wir ganzheitlich und systemisch denken.

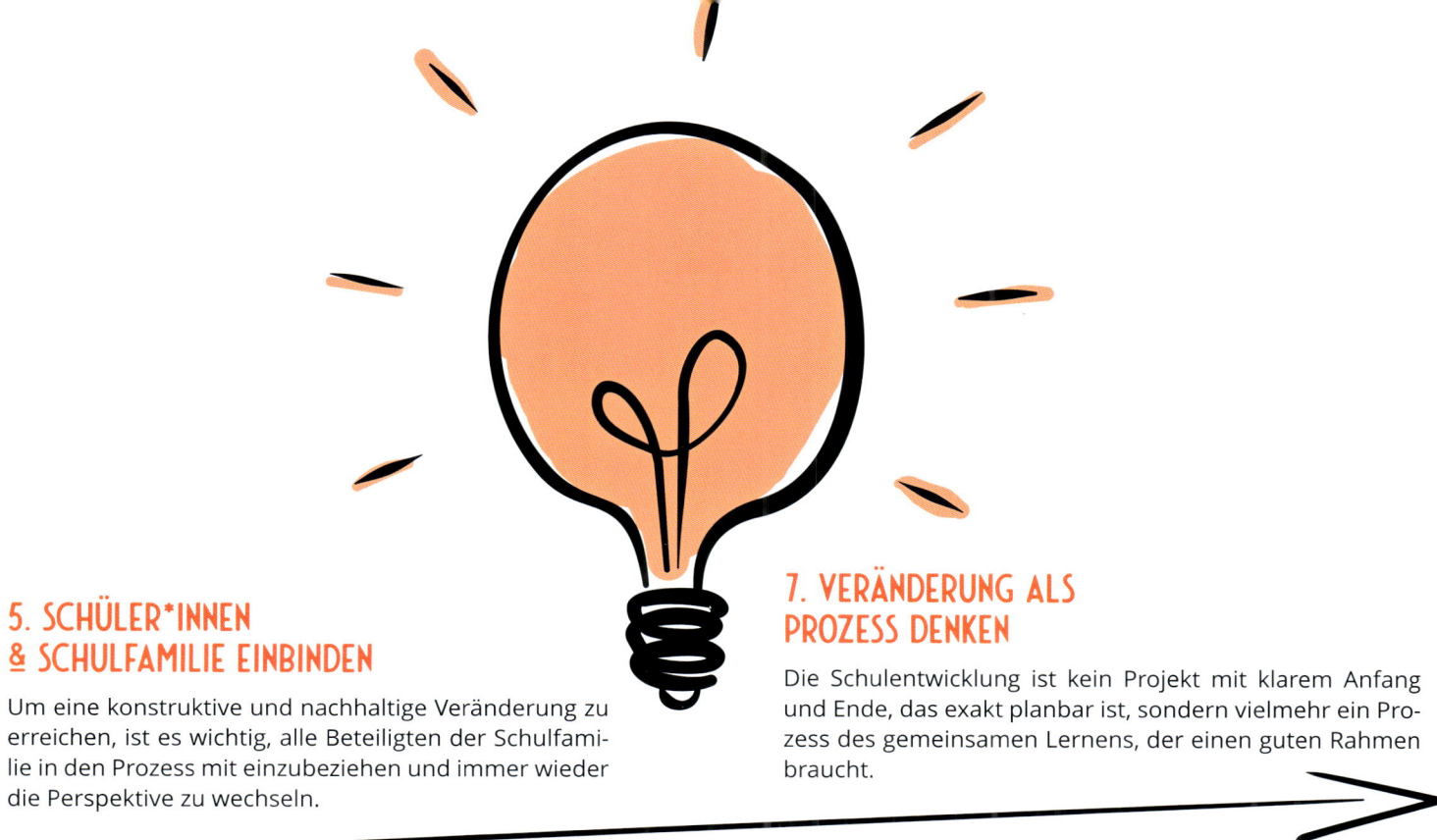

5. SCHÜLER*INNEN & SCHULFAMILIE EINBINDEN

Um eine konstruktive und nachhaltige Veränderung zu erreichen, ist es wichtig, alle Beteiligten der Schulfamilie in den Prozess mit einzubeziehen und immer wieder die Perspektive zu wechseln.

6. EINE GEMEINSAME VISION & STRATEGIE ENTWICKELN

Deine Schule braucht ein gemeinsames Bild der Zukunft, eine Vision und eine Strategie, wo ihr in 3-5 Jahren stehen wollt. Dabei geht es nicht um jedes Detail, sondern um ein grobes Ziel.

7. VERÄNDERUNG ALS PROZESS DENKEN

Die Schulentwicklung ist kein Projekt mit klarem Anfang und Ende, das exakt planbar ist, sondern vielmehr ein Prozess des gemeinsamen Lernens, der einen guten Rahmen braucht.

8. TRANSFORMATION FÜHREN & GESTALTEN

Ein guter Prozess braucht Führung. Also Personen und Gremien, die dafür sorgen, dass der Rahmen stimmig ist, der Prozess nicht stehen bleibt und Menschen in ihre (neuen) Rollen finden können.

TEIL 5 – ZUM ABSCHLUSS DES BUCHES

KAPITEL 13

CHECK-OUT

CHECK-OUT
DEINE ERFAHRUNG MIT DEM BUCH

Du hast es geschafft! Wir sind am Ende unseres Buches angekommen – du mit Sicherheit jedoch noch nicht am Ende deiner Entdeckungsreise. Denn gleichzeitig signalisiert ein Ende auch immer den Anfang für etwas Neues. Wir hoffen, unsere bunte Methodensammlung mit Praxisbeispielen hat dich inspiriert und dir Kraft und Mut geschenkt, einiges gleich mal auszuprobieren.

Zum Abschluss möchten wir dir den Raum geben, einmal kurz inne zu halten und über deine Gedanken zu den Impulsen aus diesem Buch zu reflektieren. Gerne kannst du deine Erfahrungen für dich notieren und in einem Notizbuch oder ähnlichem festhalten. Vielleicht hast du mittlerweile auch ein kleines „Tagebuch" der Veränderung für dich angelegt, um deine Schritte auf dieser Reise festzuhalten.

Das sprechende Buch
bewirken.org/a27

- Was war das **erste Highlight,** das ich mit einer Methode aus diesem Buch erlebt habe?

- Was habe ich aus dem Experiment mitgenommen?

- Mit **Rückblick auf den Check-In** – wie fühle ich mich jetzt? Was hat sich verändert?

- Was will ich **ab morgen ausprobieren** oder anders machen mit meinen Schüler*innen?

- **Welche Methoden** haben mir am besten gefallen?

- **Warum** konnte ich genau diese so gut einsetzen, was hat es für mich und meine Lernbegleitung verändert?

- **Wie werde ich meine Schüler*innen** in die digitale Unterrichtsgestaltung mit **einbeziehen?**

- **Wie hole ich mir Feedback** zu den ausprobierten Methoden von meinen Lernenden?

- **Welche Kolleg*innen hole ich mit ins Boot** und welches digitale Projekt könnten wir als nächstes gemeinsam und fächerübergreifend starten?

- **Was könnte sich an meiner Schule verändern?** Wäre es interessant, mit Kolleg*innen **ein neues Schulkonzept** zu entwickeln?

- Und zum Schluss: **Warum liebe ich meinen Beruf?**

REFLEXION
CKECK-OUT

Halte deine Gedanken
in einem Notizbuch oder auf Klebezetteln fest.
Du kannst sie auch auf diese Seite im Buch heften
und später zurückkommen, um zu sehen, wie sich
deine Perspektive über die
Zeit verändert.

TEIL 5 – ZUM ABSCHLUSS DES BUCHES

KAPITEL 14

WER STEHT HINTER DIESEM BUCH

EIN TEAM MIT LEIDENSCHAFT

VIELE PERSPEKTIVEN MIT EINER GEMEINSAMEN MISSION

Dieses Buch ist aus den gemeinsamen Erfahrungen im Rahmen der digitalen Schulakademie, spannenden Workshopformaten und der eigenen jahrelangen Lehrpraxis in Schule und Fortbildung entstanden. Dabei sind die Autor*innen sowie die vielen Impulsgeber*innen für Methoden in diesem Buch ein Beispiel für Vielfalt und Kollaboration, ohne die das Werk in dieser Form nicht möglich gewesen wäre. Auch wenn dieses Buch im Kern ein Begleiter für gute Methoden sein möchte, haben wir auch unsere Erfahrungen mit persönlichen Lernprozessen und dem Thema Schulentwicklung mit eingebracht, um deine persönliche Reise in dieser Zeit zu unterstützen.

KOOPERATIONEN FÜR MEHR WIRKUNG

Wo möglich suchen wir die Kooperation mit tollen Menschen, Expert*innen und Organisationen. In der digitalen Schulakademie arbeiten wir intensiv mit Trainer*innen und anderen Organisationen zusammen. Einige der Methoden sind daher durch Gastbeiträge oder Impulse der Social Web macht Schule gGmbH und von Team:werk in diesem Buch gelandet.

Social Web macht Schule gGmbH setzt sich online und analog für einen mündigen Umgang von Schüler*innen und Erwachsenen mit digitalen Medien, insbesondere sozialen Netzwerken, ein. Immer auf Augenhöhe für ein selbstbestimmtes und aufgeklärtes Miteinander im Internet – gegen Cybermobbing, Desinformation und Datenmissbrauch.

Team:werk steht für innovative und kollaborative Formate im Bildungsbereich. Anna und Andrea von Team:werk verstehen sich als Thinktank und Antreiberinnen für zukunftsorientierte Veränderungen in unserem Bildungssystem. Mit einer Vielzahl an digitalen und analogen Angeboten unterstützen sie darin, mithilfe von Teamarbeit und innovativen Praktiken Weiterentwicklungen anzustoßen.

Mehr Infos unter **social-web-macht-schule.de** und **team-werk.education**.

Deine Methoden in diesem Buch?

Falls du Methoden oder Tipps hast, die Kolleg*innen und Lehrende in ihrer Arbeit unterstützen können, melde dich gerne. Vielleicht sind sie schon in einer nächsten Ausgabe Teil dieses Buches oder können auf unserem Fortbildungsangebot, auf **digitale-schulakademie.de** als Tipp aufgenommen werden. Wir freuen uns über deine Ideen und Erfahrungen!

DIE AUTOR*INNEN

Björn Adam
Mitgründer &
Geschäftsführer
von beWirken

Franziska Köpnick
Leitung Akademie
von beWirken

Judith Holle
Pädagogische Leitung
von beWirken

Björn ist systemischer Organisationsentwickler und begleitet Organisationen und Schulen in Veränderung. Er ist Jurist und hat über zwölf Jahre Erfahrung als Unternehmer und Coach für Führungskräfte.
Franziska ist als Expertin für Education Design verantwortlich für die transformationellen Lernangebote und Formate und die Entwicklung von neuen Rollen und Haltung in der Akademie von beWirken.
Judith hat berufliche Bildung und Sozialpädagogik studiert und entwickelt als pädagogische Leitung didaktische Konzepte von beWirken.

GASTBEITRÄGE & KOOPERATIONEN

Marcel Burghardt
Geschäftsführer von Social Web
macht Schule gGmbH

Anna Ginkel & Andrea Seitz,
Gründerinnen von Team:werk

Marcel ist Geschäftsführer der Social Web macht Schule gGmbH, als Kommunikations- und Medienexperte setzt er sich für erfolgreiche Mediendidaktik und den Umgang in und mit sozialen Netzwerken ein.
Anna ist Dozentin für Lehrkräfte und leitet das Projekt Lehr:werkstatt. Sie hat gemeinsam mit Andrea Team:werk gegründet, um die Fortbildung von Lehrer*innen zu verändern.
Andrea treibt mit ihrem Hintergrund des Lehramtsstudiums und als Projektleitung der Lehr:werkstatt sowie als Mitgründer*in von Team:werk Bildungsinnovationen voran.

GASTBEITRÄGE & TIPPS

Marius Räbiger
Teach First Fellow &
Trainer bei beWirken

Johannes Kaiser
Lehrer & Trainer
bei beWirken

Marla Kaupmann,
Trainerin & Dozentin
bei beWirken

Jonas Lohse
Dozent & Trainer
bei beWirken

Christiane Wellmann
Dozentin & Teammitglied
bei beWirken

ILLUSTRATIONEN

Andra Krogmann
Trainerin bei beWirken &
Illustratorin dieses Buches

TEIL 5 – ZUM ABSCHLUSS DES BUCHES

KAPITEL 15

AUSTAUSCH &
FEEDBACK

AUSTAUSCH & FEEDBACK
WIR FREUEN UNS, DICH WIEDERZUSEHEN

DEINE RÜCKMELDUNG HILFT UNS, DICH BESSER ZU BEGLEITEN

Wir freuen uns, von deinen Erfahrungen mit diesem Buch zu hören und zu lernen, wie du es für dich einsetzen konntest. Deine Rückmeldung hilft uns auch, dieses Buch oder andere Angebote von uns zu verbessern, damit wir dich noch besser in deiner Arbeit und deinem Engagement unterstützen können. Vielleicht hast du ja Lust und Zeit, uns ein paar Fragen zu beantworten, wir würden uns freuen.

AUSTAUSCH UND GEMEINSAMES LERNEN

Wenn du nach diesem Buch Lust bekommen hast, dich mit anderen Lehrenden über deine Erfahrungen, Methoden oder die Veränderung von Schule auszutauschen, besuche doch die Austauschformate unserer **digitalen-schulakademie.de**, beispielsweise das „Digitale Lehrerzimmer", das regelmäßig kostenlos stattfindet.

Dein Feedback

Wenn du fünf Minuten Zeit hast, freuen wir uns, wenn du uns deine Erfahrungen mitteilen kannst. Wir haben ein paar Fragen vorbereitet, die du einfach und schnell am Rechner oder per Handy beantworten kannst. Probier es doch einfach direkt aus. Wir danken dir für dein Feedback!

bewirken.org/buch-feedback

Das sprechende Buch
bewirken.org/a28

DIGITALE-
SCHULAKADEMIE.DE

BY BEWIRKEN

DIE DIGITALE SCHULAKADEMIE

ist ein Aus- und Fortbildungsangebot **von beWirken** für Lehrende, Schulleitungen und alle Akteure rund um Schule in Kooperation mit anderen Organisationen und Expert*innen.

SPANNENDE DIGITALE SEMINARE, LEARNING JOURNEYS, WORK-SHOPS & IMPULSE IN DER DIGITALEN SCHULAKADEMIE

Wahrscheinlich warst du bereits auf der Seite der digitalen Schulakademie und vielleicht haben wir uns bereits in einem Format dort gesehen. Falls du zum ersten Mal davon hörst oder in diesem Buch darauf gestoßen bist, freuen wir uns, dich dort bald begrüßen zu dürfen. Mit dem Angebot auf der Online-Plattform möchten wir dich in deiner Arbeit unterstüt-

zen. Du findest dort kurze Formate genauso wie längere Fortbildungs-Reihen mit mehreren Modulen und Begleitung zwischen den Terminen. Alle Seminare in der digitalen Schulakademie drehen sich um die Weiterentwicklung von Schule und Unterricht. Dazu gehören digitale Themen, Haltung und Rolle, Methoden und Tools, Führung als Schulleitung, Schulentwicklung, Inklusion und viele weitere Aspekte. Wir freuen uns auf deinen Besuch.

FÖRDERMITGLIED WERDEN

MIT DEINER UNTERSTÜTZUNG GROßES BEWIRKEN

Als gemeinnützige Organisation erhalten wir keine laufende Finanzierung oder institutionelle Förderung. Unsere Angebote sind daher nur durch eure Unterstützung und die Beiträge in Seminaren oder Workshops möglich. Sie entstehen häufig mit großem Aufwand und viel Leidenschaft, aber leider ohne finanzielle Mittel. Daher freuen wir uns, wenn du Fördermitglied wirst und unsere Arbeit langfristig unterstützt.

Mit deiner Fördermitgliedschaft unterstützt du unser Engagement und unsere Angebote für gute Bildung und Schulentwicklung und machst es damit erst möglich, dass wir Schulen und vielleicht auch dich direkt begleiten können. Unseren Fördermitgliedern bieten wir als Dankeschön viele kostenlose und vergünstigte digitale Seminarangebote an unserer digitalen Schulakademie an. Wir möchten euch regelmäßig neue Impulse ermöglichen und gute Materialien und Workshopangebote entwickeln – für euer Engagement in der Veränderung von Schule und Unterricht. Die Fördermitgliedschaft gibt es auch für Schulen, so kannst du deinem Kollegium die Chance geben, an unseren Fortbildungsangeboten teilzunehmen. Gemeinsam können wir großes beWirken.

\# GEMEINSAMBEWIRKEN

\# HELD*INNENMITGLIEDSCHAFT

\# DANKE

Fördermitglied werden
bewirken.org/foerdermitgliedschaft

VERFÜGBAR AUF ALLEN PODCAST-PLATTFORMEN

Einfach den QR-Code scannen oder den Link eingeben und du landest auf unserer Podcastseite. Abonniere den Podcast und sag es weiter. Probier es doch direkt hier aus und hör einfach mal rein!

DER PODCAST

bewirken.org/podcast

MUTMACHER SCHULE

DER PODCAST FÜR INSPIRATION, TIPPS UND TRICKS RUND UM DIE VERÄNDERUNG VON UNTERRICHT UND SCHULE.

Um euer Engagement und eure Arbeit gut zu begleiten, sprechen wir im Podcast über spannende Geschichten aus der Praxis, laden interessante Gäste ein und geben Tipps und Inspiration für eure persönliche Reise in der Veränderung von Schule und Unterricht.

TEIL 5 – ZUM ABSCHLUSS DES BUCHES

KAPITEL 16

WEITERFÜHREND & LITERATUR

WEITERFÜHREND & LITERATUR
TIPPS ZUM SCHMÖKERN & NACHLESEN ...

GEDANKEN-ANKER UND EMPFEHLUNGEN ZUM NACHLESEN ODER VERTIEFEN DER IMPULSE AUS DIESEM BUCH

Arnold, Rolf (2018): Ich lerne, also bin ich. Eine systemisch-konstruktivistische Didaktik, Carl-Auer Verlag.

Arnold, Rolf u.a. (2017): Ermöglichungsdidaktik konkret: Didaktische Rekonstruktion ausgewählter Lernszenarien. Hohengehren, Schneider Verlag.

Erpenbeck, John & Sauter, Werner (2013): So werden wir lernen! Kompetenzentwicklung in einer Welt fühlender Computer, kluger Wolken und sinnsuchender Netze. Berlin, Heidelberg, Springer Gabler.

Erpenbeck, John, Sauter, Werner (2019): Stoppt die Kompetenzkatastrophe! Wege in eine neue Bildungswelt. Berlin, Springer.

Fadel, Charles u.a. (2017): Die vier Dimensionen der Bildung. Was Schülerinnen und Schüler im 21. Jahrhundert lernen müssen. Hamburg, Verlag ZLL21 e.V.

Kantereit, Tim (Hrsg.) (2020): Hybrid-Unterricht 101. Ein Leitfaden zum Blended Learning für angehende Lehrer:innen. Karlsruhe, Visual Ink Publishing.

Klee, Wanda u.a. (Hrsg.) (2021): Hybrides Lernen: Zur Theorie und Praxis von Präsenz- und Distanzlernen. Weinheim, Basel, Beltz.

Krommer, Axel u.a. (2019): Routenplaner #digitaleBildung: Auf dem Weg zu zeitgemäßem Lernen. Eine Orientierungshilfe im digitalen Wandel, Booklink.

Scharmer, Otto (2019): Essentials der Theorie U. Grundprinzipien und Anwendungen, Carl-Auer Verlag.

Stalder, Felix (2019): Kultur der Digitalität. Berlin, Suhrkamp Verlag.

Wildt, Michael (2011): Lernlandkarten als Arbeitsmittel zur Selbststeuerung beim Lernen im Mathematikunterricht in individuellen und kooperativen Arbeitsformen. In: Maass, Jürgen; Siller, Hans-Stefan (Hrsg.): Mathe vernetzt. Anregungen und Materialien für einen vernetzenden Mathematikunterricht, Aulis Verlag.

ÜBERBLICK ÜBER ALLE METHODEN

CHECK-OUT – METHODEN ZUM ABSCHLUSS FÜR REFLEXION & TRANSFER

ENERGIZER – METHODEN FÜR MOTIVATION & GRUPPENDYNAMIK

ENDE DES BUCHES ...

DEINE REISE GEHT WEITER

WIR STEHEN AN DEINER SEITE,
WENN DU UNTERSTÜTZUNG BRAUCHST.

METADATEN

2. Auflage 2021
© 2021 - Alle Rechte an diesem Buch liegen bei beWirken

beWirken - Jugendbildung auf Augenhöhe gUG (haftungsbeschränkt)
Vor dem Bardowicker Tore 15
21339 Lüneburg

Autor*innen: Björn Adam, Judith Holle, Franziska Köpnick
Mit Methodenbeiträgen von: Marcel Burghardt, Anna Ginkel, Johannes Kaiser, Marla Kaupmann, Andra Krogmann, Jonas Lohse, Marius Räbiger, Andrea Seitz, Christiane Wellmann
In Kooperation mit Team:werk und Social Web macht Schule gGmbH
Illustrationen: Andra Krogmann
Satz: Björn Adam
Lektorat: Friederike Brumhard
Druck und Bindung: Druckerei & Verlag K. Urlaub GmbH, Bamberg
Printed in Germany

Dieses Buch ist als gebundene Ausgabe und als eBook verfügbar.

ISBN (Softcover): 978-3-9823185-0-9
ISBN (eBook): 978-3-9823185-1-6